上海教育出版社
SHANGHAI EDUCATIONAL PUBLISHING HOUSE

上海市师资培训中心
SHANGHAI TEACHER TRAINING CENTER

U0601673

海教师 于漪

2

第 2 辑

2021 年 3 月

上海教育出版社

名誉顾问：于 漪

顾 问：王 平 杨宗凯 周维莉

学术委员会

主 任：俞立中

副 主 任：李永智

执行主任：周增为

国内委员：（以姓氏笔画为序）

丁 钢 王 红 卞松泉 石伟平 叶 澜

江 波 吴 刚 汪 超 张民选 陆 昉

陈立群 陈永明 陈向明 林崇德 周美琴

赵中建 顾志跃 顾泠沅 徐 红 郭宗莉

韩 震 程介明 缪宏才

国际委员：

安德烈亚斯·施莱歇尔（Andreas Schleicher）

林晓东（Xiaodong Lin Siegler）

严正（Cheng Davis）

葛文林（A. Lin Goodwin）

编委会

主 编：吴国平

执行主编：刘 芳

编 委：（以姓氏笔画为序）

卞松泉 田凌晖 宁彦锋 江 波 吴 刚 张民选

陈 霞 周 勇 赵书雷 顾志跃 徐 虹

卷 首 语

俞立中

上海的教师培养和职业发展是很有特色的，应该向世界展示，但同时我们也确实要向世界学习，这是一个双向的交流。所以，建立这么一个品牌——《上海教师》，希望通过这个平台将世界各国在教师培训和发展方面好的做法、好的理念引入上海教师队伍的建设中，同时也向世界讲好上海教师的故事。

学校教育需要有先进的教育思想和教育理念引领，也需要有符合时代特征的学生培养模式。但贯彻教育思想和理念，直接实施学生培养的是教师，这些都是通过教师的自身素养和教育教学方法得以贯彻的。我们在课程标准、课程和教材上花了很大功夫，而具有先进教育理念的教师，用适当的教学方法，才能将这些真正落实到学生的培养上，使他们在知识、技能、态度、价值观等各方面健康成长。这才是今天我们所需要的师资。我非常希望《上海教师》能帮助更多的教师——上海的、中国的乃至全世界的教师，在先进教育思想的引领下，通过符合时代特征的培养模式和教学方法，更好地实现学校教育功能。这也是我们作为学术委员会成员，衷心希望能够实现的一个路径。

也许有人认为，当教师是件很容易的事，只要有教师资格证书就可以当教师，但我认为，要当好一名教师，当一名好教师的的确确不容易。时代在发展，教师是个终身学习的职业，需要不断学习，紧跟时代发展的要求，不断提升自己的专业能力和道德水准。教师不是生活在个人狭小的圈子里，而是生活在一个很大的社会圈子里，必须接触学生、接触家长、接触社会。教师不仅要付出精力，付出时间，还需要付出感情，教师一定是一个对学生有深厚感情的群体，只有这样才能真正实现教书育人的功能。

作为一名有着几十年教龄的教师，我衷心希望《上海教师》能够搭建更好的交流分享的平台，为我们教师的发展、教师的终身成长贡献力量。

可以想象，《上海教师》未来可能会面临三个挑战：

第一个挑战，怎么处理好讲故事和学术性或学理性之间的关系。从讲故事的角度来讲，要通俗易懂，故事性要强，让大家喜欢读。但是如果《上海教师》没有一定的学理性和学术性，就自然降低了自己的格调。从挑战角度来讲，如何把这两者结合得更好，既能够讲故事，又有一定的学术水平，这和如何赢得受众面或被受众认同是直接相关的。

第二个挑战，在总结上海教师培训和发展经验的同时，怎么向世界同行讲好上海教师的故事。这两者如何很好地结合起来，有赖两大关键问题的解决：一是语言问题，二是话语系统问题。现在的《上海教师》是一本中文读物，国外读者肯定不多；即使照字面上把文章翻译成英文，也未必能被不同教育体系的读者理解。因此，《上海教师》要办成有国际影响力的出版物，在这方面要下大功夫。

第三个挑战，在肯定上海或中国经验的同时，反思中国教育的不足，这是最大的挑战。中国教育经验我们总结了很多，比如中国社会整体是重视教育的，这是毫无疑议的，我们重视基础教育、重视教师培训和发展，但我们是在什么样的教育理念指导下，如何培养学生的思维方式、学习方式、创新能力的？仔细分析一下，这些方面是不足的，我们要思考这个问题。整体而言，我们的教师在教育理念、教育方法、思维训练等方面还有很多值得反思的地方，这也是中国教育中的不足之处。

我们可以向世界讲述中国教师的故事，要总结一批优秀教师的教育理念，他们在培养学生的学习能力、思维能力、创新能力等方面有很多经验。一方面，让国际教育界看到中国有一大批人在思考这些教育问题；另一方面，也让其他人看到，教育可以这样去做。教育教学方式可以是不一样的，不是用好或不好来看待这些"不一样"，而是看是否适合某些类型的学生，是否符合今天时代发展的特征。教育是需要与时俱进的。

这些对《上海教师》编辑部，对直接参与这本集刊编辑工作的老师而言是挑战，也是机遇。如果做得好，一定会让这本集刊更具世界影响力。

Shanghai Teachers

上海教师

第 2 辑　CONTENTS｜目录

论坛
历史中走来的上海教师

大中小德育一体化

CONTENTS

历史中走来的上海教师

[编者按]上海教师诞生于上海这片热土，与这片土地血脉相连，代表着中国教师群体中独特的一群。他们从历史中走来，肩负起国家与民族的希望，与世界对话互动，走在中国教育的前沿。创办《上海教师》，打造上海教师的闪亮名片，一方面是为了更好地研究与总结新中国教师的成长规律，发现中国教师的精神密码；另一方面是为了更好地与世界教育对话互鉴，面向世界讲好中国故事。2020年12月3日，《上海教师（第1辑）》新书发布。值此佳时，我们举办论坛，共话"历史中走来的上海教师"，希冀以理论联结实践，以专业对话世界，以历史照亮未来，推动新时代高质量教师队伍的蓬勃发展。

上海教师要自信、自省与自觉

张民选
联合国教科文组织教师教育中心负责人

一、上海教师的自信

（一）国际测试中的成绩

近年来，在 PISA、TALIS 等国际测试中，上海表现不俗。从中可以看到上海教育发展的成就，特别是上海教师专业发展的成就举世瞩目。这些成就成为我们未来努力的起点与方向，激励我们认真总结上海教师专业发展的经验。说到上海经验，我们在许多工作上，做得非常扎实，也卓有成效。例如教研室、教师师资培训制度等。说起教研室制度，要追溯到20世纪50年代，我们根据苏联的经验指导，创造性地提出我们的教师教研室制度，当然，同现如今的教研室还是存在着区别。这样的教研室制度在国际测试与评估中得到了世界各国的肯定。

（二）教师专业发展的"大三角"体系

对促进教师专业发展的支持体系来说，上海建立了很好的教师晋升、教师评价、教师进修的"大三角"体系。一是教师职称晋升体系；二是教师评价评估体系，包括日常评估和教研室互助评估等；三是教师进修。从全世界来看，建构这样一个完全的三角形体系是首创，有的国家有教师培训，但没有支撑体系；有的国家有评估，却没有教师培训。

在国际测试中越来越发现，上海的教师专业发展依赖于长久以来形成的支持制度与体系，上海教师的自信来源于此。

二、上海教师的自省

上海教师在国际社会中取得的优异成绩，形成了我们的自信。在自信的同时，我们还需要到更高的阶段去"反省"——在我们取得一些成就的时候，我们是不是还要向世界各国学习？如何学习？在杜成宪老师主编的《上海教育史》中，一百年来上海的教育就是一座世界博物馆，各种类型的学校都有，各种思想在这里孕育，各种思想在这里交汇。所以上海教育一直以来，发展的关键还是在于我们不断地学习，不断地向世界各国学习，这是我们的教育、教师发展的第一动力。

（一）从国际测试中发现差距

我们尝试将 PISA 做一个切割，阅读、数学、科学被认为是基础学科知识和能力，即 literacy，当前，我们对此简单地翻译成"基础的素养"。从这三块内容的均衡性角度来说，我们做到了世界第一。但是，PISA 测试并没有就此结束，2003 年开始不断开发，先在纸面上进行问题的解决，2015 年增加了财经素养、协作问题解决，2018 年增加了全球胜任力。2021 年的测试（因为疫情可能推迟到 2022 年），将增加创新性能力。虽然以上这些内容属于自选内容，并不是必修课（考），但是仍然代表着一种倾向。在这些领域里，用计算机进行问题的解决，再用计算机来进行多元协作问题的解决，创新问题的解决，我们的成绩可能就不是第一了。因此，我们不能沾沾自喜，需要找准差距，认真反省。

（二）未来促进教师专业发展的方向

经济合作与发展组织（OECD）在《面向 2030 的学习框架》中，把知识分成四类：第一种是单科性知识；第二种是过程性知识；第三种是跨学科的过程性知识；第四种是元认知性知识。我们的学生在单科性知识方面，成绩不错，其他方面，特别是与计算机进行人机互动的能力就比较弱了。如何帮助学生掌握过程性知识，解决人机协同问题，已成为教师专业发展中要啃的"硬骨头"。

三、上海教师的自觉

（一）国际全球化

发现差距后，我们要自觉采取行动。在国际全球化趋势发展中，我们不仅要继续扎实做好 literacy 的发展，更要向 competency 努力。我们要自觉对照我们的弱处去加紧研究。在教师教育、教师培训中，尽管我们有很多长处，但是当和国际其他国家的研修相比，我们的行政性显然要强于他们。这一方面保证了我们教师接受研修的时间和数量，但在另一方面，我们教师的研修也缺乏了更多的自动性，教师自发的、非正规的研修相较而言就少得多。

（二）会讲自己的故事

我们会讲中国故事吗？站在国际舞台上，要讲好中国教师故事，至少以下几个问题要解决。第一，别人为何要听你讲故事？我们在教育、教师发展方面有实力，那实力怎么展示？只有参与到国际性的调研中去，在国际活动中，展示出我们的成果。第二，你讲哪些故事？现在很多情况是，会讲英语的老师，对上海教师教育的经验不了解。例如，上海的数学教育，不仅仅是一张"乘法口诀表"，而是需要去梳理记忆与理解的关系、具体与抽象的关系、教师为主的"教"与学生为主的"学"相互的关系。把这些讲清楚了，人家才知道应该向我们学习什么。第三，谁来讲？需要中国教师和国际上的专家学者一起讲。弗里德曼曾写了篇文章《上海的秘密》（The Shanghai Secret），影响很大。所以，上海教师要坚持自信、自省，也要自觉，做好自己的工作，努力在世界舞台上发声，让世界知道中国的故事。

理解上海教师

吴　刚

华东师范大学教育高等研究院教授

关于上海教师未来的定位，可以从六方面来讨论。

一、历史进程中的上海教师

关于《上海教师》，于漪老师看得很透，它面对的教师是从小学一直贯穿到大学的。而大学是成人教育，因为大学生的年龄大都在 18 岁以上，18 岁以上我们称之为成人，成人教育与基础教育差异甚大。对成人教育来讲，对教师的教学要求相对比较低。如果高校教师在课堂讲课，下面学生听不懂，我们常常认为是学生能力不够或者理解不到位，而非教师的教学能力不够。所以大学教师在讲坛上很少考虑学生的理解，更多会从学术角度考虑教学成效。中小学则不一样，小学跟初中及高中差异就很大，基础教育受制于不同学段学生的年龄特征和认知水平。我们通常讲课程编制要考虑学科逻辑与学生的心理逻辑，就是讲教材编写和课堂教学必须依据学习者的基本状态而展开。这种对学习者状态的分析，是基础教育中任何一个教师必须面对的，甚至是任何有效教学的起点。小学课堂教学的进度和语言方式就明显不同于初高中的课堂，做中小学教师要比做大学教师难。

但从基础教育的演变来看，上海教师在基础教育段的分科之学是西学东渐的结果。什么是科学？"科学"是日本学者西周时懋 1874 年用来翻译法文"science"时造的一个日文汉字词，他将"science"视为"分科之学"。二十多年后，梁启超在上海创办译书局，打算通过翻译日文书籍推动变法，在一本《日本书目志》中，列出了《科学入门》和《科学之原理》，"科学"这个词正式进入中国。在现代汉语语境下，它主要指自然科学。Science 这个词，在西周时懋之前我们翻译成"格致学"，即"格物致知"。上海的格致中学前身为"格致书院"，始建于 1874 年，是我国近代最早开办的中西合办、最先传授西方自然科学知识、培养科技人才的新型学堂之一。1894 年，傅兰雅为书院编制了一份西学讲授计划。该计划将西学分为矿务、电务、测绘、工程、汽机、制造六个专业，令学者"任取某学，逐次讲习"，每个专业分"全课"与"专课"两个教育层次。这与旧式书院的教学内容基本局限于中国传统人文学科的经术、制艺、诗赋等不同。如果查看 19 世纪格致书院的成绩报告单，可以看到用英文登录的各个学科的成绩，由此可以想象当年分科之学的教师工作。随着分科之学的西学教育传统对于中国近现代教育的渗透，使得近现代中国学校的知识教育成为一种清晰的、可理解的、有程序的教学形式，这种教学方式也跟书院及私塾不同。1903 年制定的《奏定学堂章程》（亦称"癸卯学制"）的指导思想是"中学为体，西学为用"，它以日本明治维新后的学制为蓝本，实际上是近代以来学习西方教育的系统性成果，也表达了西学东渐后的中国近现代教育取向。

从上海近现代教育来分析教师的发展，我们会看到一个跟中国近代学科史平行发展的脉络，这是一个以分科为专业基础的现代教师发展的进程。从这条脉络中挖掘教师的成长，我们也会看到基于不同学科的教师群像，特别是按照学科来呈现的教师形象。这种形象到了当代，特别是上海在改革开放之后，表现出了它的特殊性。

当我们谈论教师时，经常是从一个抽象意义上讨论，经常忘掉其学科、学段和教龄，忘掉其区域教育带来的特性，其实教师群像背后是一个分类模式。我们讲名师，很大程度上是从学科教师来理解的，比如语文名师，像于漪老师那样，就不仅是上海的，也是全国的。有的学科则会局限在某一个区域，像数学名师，可能在一个区域影响力非常大，但很难成为全国性的名师。所以存在不同学科教师构成的教师群像，其在学科上面投射出来的个人形象是不一样的，需要从历史进程分析教师的形象。

二、全球体系互动中的上海教师

第二个视角可以从教师在全球体系中的发展来关照。刚才张民选老师已经专门讨论了这个话题，当然他的视角是从今天看的，如果我们回溯过去，我们曾经从世界各国汲取优秀教育经验。一个好校长就是一所好学校，大学如此，如蔡元培之于北大，而华东师大历史上最著名的刘佛年校长是最早进行教育开放式学习和研究的倡导者，今天我们所知道的很多学说都是从刘校长那儿开始不断引进的。20 世纪 70 年代联合国教科文组织有本书叫《学会生存》，就是由刘佛年校长力主翻译到中国，并深深影响了后来的中国教育变革。联合国教科文组织还有另外一些书，包括《学习：内在的财富》等，这些都对当代上海教育有巨大影响，正是联合国教科文组织向中国洞开了世界的大门。当年的联合国教科文组织研究力量非常强，是个"知识性组织"，拥有智力资源的优势，在巴黎总部各路专家荟萃，而且各成员国的第一流学者经常参与研究，包括皮亚杰等。但随着联合国教科文组织的老化，这个研究中心现在逐渐转移到 OECD，OECD 在教育研究方面的力量逐渐超过了教科文组织，所以从今天的研究报告质量来讲，OECD 目前代表了国际水平。另一个不亚于 OECD 研究水平的组织是美国国家研究理事会，其下属的各个委员会同样集聚各学科的一流学者，例如对当下教育影响巨大的《人是如何学习的》，就是由美国国家研究理事会下属的学习科学委员会撰写的。我们从联合国组织出版的文献中可以看到世界教育发生的变化及它推介的优秀经验，这些经验已经并将继续影响中国教育的发展。而上海是在全国最早汲取到这些养料的地区，这与上海对文化的开放性及对世界变化的敏感性有关。从这里我们可以感知到，上海教师与上海教育一定要放在全球体系中观照，这会看到它发展变化背后的动力机制是什么，而这种影响今天还正在扩大，特别是在 PISA 测试之后。我们知道，素养 (literacy) 是基础性的，从国际上来讲是及格线。所以，如果用"核心素养"来界定基础教育是非常危险的，因为它只是及格线；欧美各国是用关键能力 (key competencies)——这个词只能译为"关键能力"或"核心胜任力"，不能译为"核心素养"。这里有其文化意义，这个概念欧洲前期至少做了七年研究。PISA 作为国际学生发展的评测标准是及格线，所以张民选老师讲得很清楚，literacy 跟 competency 是两个层次，素养是底层的，胜任力比它要高，PISA 测试是用素养来评价个体是否达到及格线，但是"胜任力"发展是开放的，没有顶点，因此国际教育着眼于关键能力发展。值得注意的是，2017 年我国中央文件也提出了四种"关键能力"，这个概念有其特殊意义。

三、制度推进中的上海教师发展

通过制度推进教师的专业发展，是中国特色，也是上海特色。这些制度包括教研室建设和教研制度、教师的奖惩制度、培训制度等，这个制度驱动使得中国比其他国家更有力量来推动教师非自主发展。而有些制度是从上海开始并辐射到其他地区的，例如 2005 年启动的上海市普教系统名校长名师培养工程（简称"双名工程"），现在已是全国各地培养优秀教师的制度之一。教师的专业发展当然可以有自发性和自主性，它可以通过自我规划、自我反思和自我修炼来成长，但是仅有这点还不够，虽然这种内在驱动非常重要，但还需要有外在推力，尤其是制度给予的驱动，这种驱动可以是系统设计的、集聚优质资源的和目标明晰的。对教师来说，组织制度给予的动力便于他通过这个过程而找到身份的自我认同。中国文化中一个重要的特性是，我们通过社会和他人认同而形成自我认同。如果放在美国，美国教师经常是通过自我判断而进行自我认同。华东师范大学教育学系曾跟美国范德堡大学合作研究美国教师的专业发展，也想用教研制度，但美国人不认可教研制度，不认可优秀教师的范例。他们觉得，"每个教师各有特点，为什么我要向他学习，我有我的特点"。他们不认为要通过他人认同和社会认同来达成自我认同。而我们是通过他人认同和社会认同来达成自我认同的，所以制度保障是教师获得自我身份、自我确认的非常重要的方式，而且它给予教师专业成长的外在保障机制——在精神和物质上支持，由于这种支撑，很多教师可以少走弯路并迅速成长。

四、作为共同体成员与作为个体的教师专业成长

教师是在共同体中成长的，教研组和学校都是共同体；但教师又是作为个体而成长的，从他踏上教师这个岗位，他就不断面对自己工作和任务的挑战，他必须独立完成任务并应对各种挑战，这方面有时会交叉重叠，有时则要分层。作为共同体成员，教师应该遵循共同体规范，注重与他人的合作与交流，包容他人的意见和批评。作为具有自主性的个体，教师坚持自己的专业判断，坚守自己的教育原则，甚至需要拒绝他人的意见和启发，独创就意味着与人不同而非人云亦云，这样更能维持其后续发展的可能，这种专业认知也就是确认他的新身份。所以我们要分析教师作

为共同体成员及作为自主个体的双重身份，分析这两者之间是怎样迂回互动的，这可能是中国教师专业发展的一个特别有趣的方面。这里有两个共同体概念，一是学习共同体，二是实践共同体，两者在组织及运行方式上有较大区别。学习共同体是同质而平权的，不存在成员的主次之分，彼此开诚布公随意交流，只要所探讨的问题是真实的，交流者是真诚的，本着追求真理的意愿而行。前几年华东师范大学附属小学搞的"共营小组"就是学习共同体，"共营"是共同经营的意思，小组成员是自愿组合的，面对任务挑战时他们协同而进。而实践共同体则是一种认知学徒制形式，"双名工程"工作室就是一个实践共同体。"双名工程"工作室在组织上是一个"三明治式"架构，上面有专家顾问，中间是主持人，下面是学员，主持人与学员是师徒关系，因此它不是一个同质平权的架构。它的优势是"头雁式"发展，由主持人引领大家前行，这种雁阵式组织也是上海教师成长的机制之一。于是，我们要考量的是，为帮助教师成长，需要在什么阶段采用什么方法或机制。

五、作为学科教育者的教师群像

第五个分析视角是作为学科教育者的教师。其实很多国家的小学是包班制，所以小学教师不分学科，而是全科式教师。但全科式教师我们很难培养，例如艺术课程，就很难短期训练，还要看教师的天分。而到初中，科学和物理同样要开课，那彼此什么关系？科学是包含物理的，彼此如何衔接？小学和初高中教师培养有区别，初高中最典型的是分科教育。我们也讲综合，但这个综合是在分科教育基础上的综合，这就是于漪老师提到的：如何理解作为学科教育者的教师。不同的学科有不同的特质，语文就非常难教。我现在每年听几十节课，在听语文课的时候，我们感觉语文教师很难把握节奏，教学设计展开过程比较困难；而听数学、物理等学科，教师做了教学设计后，展开的环节清晰而流畅，但在语文教师这里，更多地需要语文教师的个人特质。我听过

于漪老师几次讲演，你能感受语文名师的魅力，她的历史感特别强，因为语文有语境，这个语境会在历史脉络中展开，所以语文教师不仅需要中文基础，还需要文史哲知识的积累。但语文教师一旦成为名师，会形成全国性的影响。而数学、物理教师要成为全国名师，则非常困难。学科教育的特质也会在教师群像中反映出来。

六、挑战中的上海教师

其实上海教师也面临巨大的挑战，这个挑战是什么？改革开放之初，上海的校长和教师的形象是引领全国的，上海教师的专业水平在全国是领先的，所以很多地方向上海学习。而 20 世纪 80—90 年代的上海校长，迁徙到全国各地，很快成为当地的名校长。但到今天，全国基础教育按区域分，各有其特色，特别是江苏的基础教育学校，有一批很有影响力的校长和教师。上海的学校校长也在更替中不断成长，但是年轻校长的声音和影响力还不够大，由此也带来教师成长的挑战，这是我们应该正视的。在众声喧哗的时代，我们如何获得话语的优势？话语是权威性的叙说影响力，可以通过什么方式获得话语权？例如"双名工程"工作室，在前期培养名校长名教师上发挥了巨大作用，但后面如何与时俱进地改进机制，扩展培养模式，打造示范形象，也是一个值得考虑的问题。我们需要确立一种新的评价模式，为这些名校长、名教师的成长打造一个新的平台。

在教育高质量发展、教育新征程的时代，我们如何确立上海教师新的优势地位，可能也是这本杂志后面所要考虑的问题，所以我把这个问题抛出来，请教大家。

《上海教师》的历史观照与现实使命

周 勇

华东师范大学教育高等研究院教授

对于如何办好《上海教师》，作为编委成员之一，我想从三个方面谈些想法，提出来供参考及批评指正。

一、传承历史与观照一线

先从历史角度来看，这份读物具体做什么呢？起名叫《上海教师》，中国许多现代教育事业恰恰都是诞生在上海，不管是文科教育、理科教育，还是外语教育、各种课外活动，均如此。此外还有博物馆、美术馆等社会教育，也诞生在上海。

至于教师，从晚清到现在，上海的历代名师，在全国，甚至在世界都是非常有影响力的。我们应该引导新一代年轻教师认识上海过去的教育与历史，温故知新，继往开来。这个任务非常重要，现在的青年教师、学者想要了解西方好像很容易，写一个题目，美国的情况怎么样，日本的情况怎么样，欧洲的情况怎么样，很容易便能通过网络有所了解。但一问我们过去的情况怎么样，完全不了解，甚至没有这个意识，教育历史断层非常厉害。于漪老师也曾在文章里指出过，"在听报告、进修、开展教学科研时，洋概念、洋语言无处不在，感觉是'言必称希腊'，我们几乎没有自己的教育话语体系"。但不是说不去了解西方，而是说知彼，也要知己，这是我们这本集刊可以努力的方向，设法引领上海年轻一代教师认识我们的教育历史和传统。

我们还应该关心普通教师。名师当然应重视，但整个基础教育毕竟是靠广大一线的普通教师支撑起来的。比如，和其他领域一样，教育界也有很多"新上海人"，他们的教师成长与发展中面临很多困难和压力，怎么在困难和压力中努力把教育教学做好，这方面的研究很缺乏。国内很多刊物上有很多关于教师的文章，但缺一线教师的心声。为此，丁钢老师1999年以来提倡"教育叙事"，让许多一线教师的心声进入教师研究领域，但总体上改观仍不大，多数教师研究仍侧重让教师作为教师教育的倾听者，接受各种应该怎么做的方案。

二、优化研究视野及方法

以上是选题或主题方面的想法，在研究视野和方法层面，目前有一些倾向需要优化。第一个倾向是很多文章视角太专业、太"教育学化"。比如，谈到教师专业成长，习惯是教育学化的理解，谈论的大都是教育教学方面如何提高专业水平。教育教学是很重要，但如果没有学科依托，如何做好教育教学？所以需要优化目前过于"教育学化"的专业视野，不管是写教育教学文章，还是具体的师资培训，均应重视结合学科化的视野。像民国蔡元培主政教育时期，做暑期教师培训，视野及课程结构就很多元，一块是教育，一块是人文，一块是科学，还有艺术。那时候，鲁迅负责给各地中小学教师代表讲美术。只有把人文、科学、艺术这些

学科方面的东西全部加强了，才能成为一个优秀的现代教师。第二个倾向，目前从教师类刊物来看，偏文科化，有的几乎是专门办给语文教师看的。这背后有些原因，什么原因？编辑往往是文科毕业的，导致很多理科教师即使很厉害，但没有什么名气和影响，整个编辑队伍很少会关注到理科，去物色作者，深入发掘理科教师的教育教学努力。怎么改变这样一些倾向，我们可以做一些尝试。无非就是引入跨学科视野，我们重视教育专业的同时，还需重视文科，重视理科。此外，我们还应重视体育、美育。

多学科视野引入，是为了能贴近一线文理各科教师的现实生活，但要真正理解他们，还需进入现场做田野研究，否则教师研究又会走老路，即在书斋里谈论教师应该掌握什么样的教育教学理念与模式，无法生动再现各科一线教师的教育教学及日常生活与心声。改变这一点，需要读物提倡新的教师研究，比如与一线教师建立新的以田野研究为基础的合作机制，让一线各科教师了解田野研究，引导一线各科教师自己来做作者，揭示各科教育教学的日常运作情况，从育人、国家的教育改革要求、社会的教育风气等角度入手分析各科教育教学以及教师与学生实际面临但又常常被一般研究忽视的问题。总之，读物大可以尝试在研究视野及方法上做些革新，学科化、田野研究只是策略，还可以有其他策略，但意思都是要能深入了解一线各科教师的教育教学现实，贴近他们的心声。只有这样，读物才可以在有学术新发现的同时，又能让一线各科教师喜欢读，为他们的教育教学乃至人生送去动力。

三、面向世界讲好中国故事

现在教育理论界及教育管理部门都很重视向世界讲好中国故事，这一点也是读物必须承担的现实使命。但向世界讲好中国故事并不容

易，需要认识解决诸多问题。读物可以临时增设一些栏目，请一些研究生专门研究一些与向世界讲好中国教育相关的细节问题。比如，现实挑战是，西方教育决策层、西方教育理论界对中国教育不大理解。为什么会这样？原因有许多，其中很重要的一点是因为他们缺乏理解中国教育必需的知识基础。在历史研究领域，西方有很多汉学家，甚至比中国人还了解中国历史。西方教育理论界及决策层缺少这样的汉学家，只有少数人，像西方比较教育学界的汉学家许美德（Ruth Hayhoe）教授，曾长期研究中国教育与中国传统文化，所以能理解中国教育的好处，还主动替我们在西方讲述中国教育。

为什么其他西方人无法像许美德那样理解中国教育，究竟是些什么样的观念与知识基础在阻碍他们理解中国教育，如何让他们在接受中国教育时，形成更好的认识与理解，诸如此类的细节问题都需要深入研究，慢慢让西方教育理论界及决策层意识到，理解中国教育需要克服自身原有的偏见乃至误解。优化这些需要几代人的努力，每一代人都尽力去做一点事情。包括研究西方教育理论界及决策层理解中国教育时的习惯观念与知识基础，也是事情之一。这项基础研究做好了，向世界讲述中国教育故事才能取得更好更长久的实质效果。

反过来，我们也会因为对西方教育及西方历史文化缺乏理解，所以容易将西方教育简单化，乃至误读西方教育。从历史上看，早在梁启超时代，简单化及误读就经常发生，比如想当然地认为美国、英国是美好的"民主"体制，而且这一体制是由他们发明的现代教育培养起来的，然后简单将传统中国界定为"专制"体制，传统教育则被界定为"奴才"教育。当时，有十分了解中西历史文化的前辈马相伯出来提醒年轻气盛的梁启超，劝他先深入研究中西历史文化。直到1903年，梁启超因为受老师康有为之命去北美发展"保皇党"，得以来到美国做实地考察，才发现自己最初太美化美国了。及至一战爆发，梁启超又转而认为还是中国传统文化与教育好，动员清华及全国学子以"东方文化"及中国传统教育

智慧来拯救一战以来政治经济崩溃的西方世界，却依旧把古今中西的大事想得太简单。

今天同样容易简单化或误读西方。比如近些年关于literacy、competency，解读就容易随意，可谓"仁者见仁，智者见智"，众说纷纭，以致误读迭出。从西方历史看，意思其实很清楚，两者都是素养或能力，literacy涉及的是认字、听说读写算等基本的文化能力教育，类似扫盲性质；competency涉及的则是运用某一学科知识来解决实际问题，是比较高级的学科素养或能力培养。以英国为例，早在18世纪即伊丽莎白时代，伦敦的机械制造师、数学教育家及工商社会精英就在联合讨论，怎么改革提升之前的识字与运算教育，增设运用代数知识记账、运用几何知识制作机械等另外一些更高级的素养或能力，这些均培养运用数学解决工商业发展的实际问题，也因此新设的数学课程能赢得伦敦市民阶层的欢迎，数学课程得以被置于伦敦教育体系中最优先发展的地位，引来欧洲其他国家纷纷效仿。

18世纪的新数学课程在英国及欧洲工商业发展史上扮演重要作用。直到今天，欧洲仍重视培养学生掌握新经济发展必需的数学运用能力。这是他们近代以来形成的传统与常识。总之，在西方，literacy、competency作为概念指什么很清楚，首先就是指培养学生运用数学、物理学、地理学、生物学等工业革命以来广为认可的重要学科知识，解决工业或后工业时代新经济发展中的具体难题。如果了解literacy本身的历史，就会对应思考中国中小学既有教育设施在培养什么样的素养和能力，中国新一轮经济发展以及企业家、家长等具体的经济发展主体特别需要学生养成什么样的运用学科知识解决实际问题的能力，哪些学科能力在当今时代最重要等问题。如果不了解历史，不从事实出发，只是了解概念，不清楚概念最初所指的事实与问题是什么，便学不到精髓，便容易另外自造出一系列的概念来解释或分解概念，结果众多概念叠加在一起，越搞越乱。20世纪20年代，教育界简单引入美国的"道尔顿制"，就已有过许多教训。如参与教师中，原本仍需打

磨的班级授课没法做好，新的学生自主探究模式又做不下去，只是在白忙中消耗教师精力。未参与的众多旁观者则陷入不明所以中，真所谓"你不说，我还知道一点；你越说，我越糊涂"。

最好的结果是，在当今世界新一轮大变局及经济发展中，中国教育类似当年英国教育那样，率先围绕某一重要学科，推出教育及课程新计划，培养当前世界某一新经济形态发展壮大必需的学科能力。这也能进一步说明，不能仅是简单照搬西方概念，不去追溯西方概念背后依托的历史事实。类似案例还有，比如美国的"标准化考试"或大规模的教育质量检测机制。美国联邦政府为提高美国公立基础教育质量，依靠经费投资以及类似合同的法案进驻基础教育领域发起课程改革，是因为没有统一的检测工具来监控教学质量，才研制出"标准化考试"，中国早已有中考、高考等大规模乃至全国性的质量控制基本

工具，如果不顾彼此历史及国情，只是从概念出发，认为它代表先进，则很容易无中生有，额外加重教师与学生负担。中国自身在教育质量监控方面的传统及优势也因简单追随，无法让西方了解。总之，向世界讲好中国教育故事，还需要我们克服至少自梁启超以来便已形成的简单照搬西方概念的误区，深入研究中西教育及各自的历史基础与功能，如此才能更准确有效地讲述中国教育故事。

讲好中国教育故事，需要中西教育历史、中西文化教育交流史等方面的知识作为前提基础，可到教育史、近代史等相关学科领域物色一些研究生，并请资深学者作评委，建立项目资助机制，为集刊提供优质文章。分析向世界讲好中国教育故事，需要解决哪些历史认识的细节问题，从而为增进中西教育理论界及决策层的相互了解、相互学习与借鉴作出积极贡献。

在课堂与实践中抒写上海教师故事

周 梅

上海市杨浦区教育学院院长

说起上海优秀教师，会让人想起于漪式的好老师。人民教育家于漪老师作为上海基础教育教师的典型形象和学习榜样，始终以高尚的师德和先进的教育理念与实践引领着上海教师的专业发展。于漪老师说"一个优秀教师的形成是千锤百炼、百炼成钢"，因此，如何成为优秀的上海教师，是一篇大文章。上海教师是一本故事书，要讲好上海教师的故事，我们的教师还需要通过各种途径，不断提升一些品质和优秀的能力。

一是上海教师需要有持续的学习力。"师者，所以传道受业解惑也。"然而，当今社会，随着知

识更新速度日益加快,教育教学改革发展逐渐深入,一名教师想要发挥好"传道、授业、解惑"的作用也绝非易事,教师自身学习力起到了不容忽视的作用。教师学习力高,就能够与时俱进,及时更新充实知识并创造性地运用到教育教学中,适应新时期对教师的要求;反之,则故步自封、不思进取,对个人教育教学水平,抑或是教育事业的发展形成阻碍。

上海作为国际化大都市,科技、信息特别发达,有很多机会和国外先进经验进行交流对话。因而,对上海教师而言,要有足够的心气来办教育,要有高的站位和宽的视野,而这种心气、视野就源自与时俱进,不断学习。上海要在全国领跑教育改革项目,率先完成教育现代化,特别需要有一批善于学习,勇于学习,能够博采众长的教师。教师的综合知识非常重要,不仅要学习先进的教育理念、技术、方法,要了解整个科技、信息、经济社会,还要结合自身工作实践,形成自身的专业特色。

一名优秀教师应当有持续的学习力,不断吸纳最先进的教育理念,不断汲取最先进的教育技术、教育方法的养分,不断提升自身的能力与素养。无论处在教师生涯的哪个阶段,都要始终保有一份进取心,不断更新教育理念,创新教育教学方法,做终身学习的典范。执着于自己的专业,关注研究前沿,静心钻研与创新,不断提升自身的专业能力与文化素养,不断提高教育理论水平与专业实践能力。

当然,提升教师学习力不仅是当今社会知识更新速度不断加快的形式需求,是教育改革和发展的现实需求,是教师自身发展的内在需求,也是培养学生良好学习习惯的有效途径,有利于学习型社会的构建。

二是上海教师要有优秀的领导力。教师拥有职业自信和职业精神,有强烈的责任感和使命感,在师德、教学、科研等领域内不断进步与发展,在课程与教学的变革中充分发挥引领作用,正是教师领导力的体现。教师领导力作为推动教育改革的重要力量,正在得到越来越多人的认可。

新时代背景下,激发教师领导力具有极其重要的现实意义。关注教师的课程领导力和课堂领导力,强调教师的自主意识和主动精神,能对学生产生更多积极影响,也能促进教师更主动地追求专业发展,并助力学校提升教育教学组织效能。

课程领导力,不仅仅是校长、团队需要具备的,教师自身也要具备课程领导力,即我们所理解的课程设计力、实施力、评价力和思想力。课程的核心功能是促进人的发展。而深化育人方式的变革,必须把握课程教学改革这一关键环节。发挥课程的育人功能,实现课程的育人价值,对教师的课程领导力提出了挑战。教师要深入理解课程功能,有效推进课程实施,有机整合课程与技术,合理改善、优化教与学方式。

教师最主要的实践活动在于课堂,因而教师应当具备课堂领导力。在追求培育学生素养的时代,教师在课堂中的教学设计要有自身对教育的理解和积淀,要能够将国家课程方案更好地转化成自己的教学设计,为学生提供学习的支架,调动学生学习的积极性,能够去激发、引领、推动和促进学生的学习。所以对教师而言,课堂领导力特别重要。

优秀教师还应在团队中体现领导力。教师的专业活动大多通过各种项目和课题等方式来进行,教师在和团队的教学思维碰撞中,非常需要彼此专业的影响力、辐射力。此外,上海还要向全国辐射经验,因而教师的领导力就显得格外重要。

三是上海教师要有较强的创新力。教育最根本的目的在于促进人和社会的发展,人和社会的发展都是在不断的创新中进行的。在科学、技术高速发展的今天,创新思维尤其重要。教育是一个系统工程,创新教育也是这样,要培养学生的创新能力,教师自身必须具备创新的素质。创新力包括创新意识、创新思维、合理的知识结构以及创新行为。是否具有创新力，是衡量教师素质高低的重要指标之一。

毫无疑问，今天上海站在教育改革的前沿，也是改革的排头兵。作为一名上海教师，在教育改革的洪流中不仅无法置身事外，还必须积极投入其中，要勇于创新，善于发现教育中"真"问题，并敢于研究、乐于研究、科学研究，具备研究问题的意识、敢于挑战难题的勇气，掌握破解难题的科学方法，能不断丰富、完善、优化研究。对新课程、新教材、新标准、新课程方案的理解和解读，教师是实践者，最终要把很多前沿知识转化为学生可习得的、推动学生学习的知识。今天教学强调过程性学习，对教师来讲，自身要能够对教学实践不断创新创造，这是非常重要的。

那么，对上海教师而言，如何去历练、去获取这些能力呢？

首先，最重要的是通过课堂，在课堂教学中千锤百炼，百炼成钢。今天，我们的课堂内涵正在不断发生变化，尤其强调对学生素养的培养。今天的课堂已经从过去注重教逐渐走向注重学，从注重结果走向过程性的学习，从注重传统意义上的教学方式走向技术支撑融合。我们的课堂已经融合了很多新的元素，比如跨学科学习，它的价值很大程度上就是基于学生的能力需要。课堂是教师日常工作最直接的场地，是教师最重要的锻炼平台，我们评价教师，70% 的评分标准应该源自课堂，应对课堂实践能力进行评价。因此，课堂锻炼对教师而言特别重要。

其次，上海有一套优秀的教研训体系。上海建构了市、区、校三级的教研训平台，注重各个层面的教师研修团队建设，为教师专业成长搭建了能力素养锻炼的平台。把握教师专业成长中的难点、疑点、痛点，将解决教育实际问题与项目（课题）研究、研修课程建设、教师培训、教研活动结合起来。以解决问题为支点，撬动教师成长；以研修活动为平台，汇聚高校、市、区、学校多方优质资源，遵从"理论学习与实践创新同行、群体研讨与个体反思同存、专业引领与行为跟进同步"的思路，激发教师专业潜能，助力教师理论素养与实践能力双提升，展示交流教育实践与研究成果，引领教师专业成长步步进阶。我们的教研要基于问题、基于实证，解决日常教育教学实践中的具体问题，才能使教师在实践反思中不断历练、成长。现在基于问题式、主题式的教研，就是为教师们搭建了这样一个平台，在这个平台上，教师可以向同行和专家学习。因此，教师研训机制今后还要不断深化，更好地推动教师成长，这项工作还大有可为。

最后，教师要积极参与综合改革项目。今天的教育教学改革是在更大的平台上进行的，教师不能仅仅只凭借那一点专业、那一寸天地，也需要参与改革实验，要勇于探索与创新，积极参与区域教育综合改革的核心项目，努力提升区域教研整体发展品质，积极推进区域课程与教学的深度变革。我们的教育整体综合改革有很多项目，教师们在这样一个更大的、更高的平台上，破解一些更大的问题或者进行创新实验，这对教师的教育教学思维系统性更有帮助。他们和各种类型的专家接触，可以打开视野，不仅锻炼跨学科能力，还可以锻炼组织能力、沟通表达能力。今天的上海教师在这方面的能力是有所欠缺的，教师要自信地站上讲台，这种综合能力的培养就显得尤为重要。

未来，我们仍将努力秉持根植实践、自主创新、追求卓越的治学态度，勇担使命、以身垂范、学科育人的教育作为，继续以项目引领、任务驱动等形式开展研究式学习和学习性研究，探寻优秀教师的成长规律，期待催生与培育更多上海优秀教师。

《上海教师》：专业对话的新平台

李百艳

上海市建平实验中学校长

"读一本好书就是与许多高尚的人谈话。"阅读《上海教师》，走进文章中的故事，感觉自己也是在和文章的作者、文中的老师、更广阔的教育世界在交流对话，而且这不是一般的对话，这是一种基于教师发展生态营造的专业对话。

一、与业界高人对话

《上海教师》的书名由人民教育家于漪老师题写，看到这简约素雅，散发着书香气的封面，看到这秀雅圆润又蕴含着风骨与力量的字体，看到于漪老师亲切熟悉的签名，翻开这本读物的感觉，就如同要和以于漪老师为代表的业界高人展开一次亲切的对话。

阅读《师者于漪》，深感作为上海教师是多么有幸，因为于漪老师就在我们身边，就在我

们当中。然而，对于很多老师而言，新中国基础教育领域唯一的一位教育家为什么是于漪老师？于漪何以成为师者于漪？或许还只是一个重要新闻，一个略显遥远的传奇，一个需要探究的谜。于漪老师近一个世纪的人生和七十年的教龄告诉我们，没有一位卓越教师是突然走红的明星、横空出世的英雄，每一位真正的师者都经历了以教育为"志业"的执着而艰辛的探索。终身的学习与修炼成就了这样一位教育界"高人"，于漪老师之高，不仅高在成就与荣誉，更高在她的人生志向和教育立意。和我们一样，于漪老师也是一个"小人物"，然而，她始终追求做"一个挺直脊梁、大写的中国人"，始终保有"位卑未敢忘忧国"的家国情怀，她认为教师的双肩理应责无旁贷地担负起"学生的现在和国家的未来"。我们几乎从未听到于漪老师谈起个人的得失与悲欢，我想多半是因为心中有了"大志向"，人生就少了许多"小烦恼"。

于漪老师这样的教育境界，和许多从历史中走来的老师可谓一脉相承。周勇教授带领我们重温了为国家培养了研制"两弹一星"人才的叶企孙先生的教育故事，让我们由衷地感慨："振兴国家的希望在教育，振兴教育的希望在教师。"正如"师"的本义为"值得效法的人"，作为当代教师，我们需要与这样的智者同行，与这样的高人对话，从中获得启迪、汲取力量，坚守初心、效法言行。如是，上海教师、中国教师的代际传承才有可能出现一道永不中断的"前有高标，后来俊秀"的亮丽风景。

二、与同行学人对话

虽然新课程改革日益深化，但是不可否认的是，在具体的学校、学科、班级、课堂等很多相对微观的领域，很多陈旧的教育教学方式"涛声依旧"，为数不少的教师仍旧按照"自己多年习惯、顺手"的教学方式来教学，缺少研究的意识和习惯，缺少吐故纳新、突破创新。这样的状态难以深入研究教育教学规律，难以读懂学生的心声，难以走进学生的心灵，也难以形成有价值的教学经验。久而久之，很多教师在不知不觉中随波逐流，被各种教育积弊和社会问题裹挟，在庸常和悖论中失去坚守，沦为一个"只见知识不见人，教而不学、教而不思、教而不研、重复工作的教书匠"。诚然，这里说"匠"，并不是要否认专注敬业、精益求精、勇于创新的工匠精神，而是强调教师发展的专业化，教师作为教育者的同时也应该成为"终身学习者""研究者"，努力成为"学者型教师"。

教师的发展需要多方面的专业支持，需要能够打破"内卷化"的更为开放的研学生态，需要引导教师在注重实践探索的同时加强理论建构，需要营造浓郁的学术生态和氛围。我们知道，有学人的地方才有学术，有学术的地方需有学刊，而一本好的学刊又能为专业人士的成长搭建对话交流展示的平台，为读者提供前沿研究资讯，总结先进特色经验，孵化作者教育成果，哺育更多学人成长。很多名师、优秀教师的成长离不开学术读物的支持，《上海教师》正是基于这样的宗旨而创办，在历史与现实的时空交汇处推出古今中外的优秀教师，讲述他们的教育故事，传播他们的思想与经验。作为读者的教师，能够以对话的姿态和心态与这些具有"先生风度"和"学人特质"的教师相遇，一定会受益匪浅。

三、与时代新人对话

教师的职业成就一方面通过自身在专业领域所取得的直接的学术成果来体现，但更重要的一个方面是间接地通过学生的发展来体现，也就是在成就学生的同时成就自己。所有的"研"与"学"最终都是为了更好地"教"，真正的好老师一定要在学生身上用心、动情、发力。正如于漪老师所说，"育人先育心，育心要知心"，怎样走进学生的心灵？灌输、宣讲、训话、独白等无疑不是最好的办法，师生之间需要建立平等、真诚的对话关系，教师用心倾听学生，心怀每一个"不一样"的孩子，与学生进行思想与精神的交流，才能真正了解孩子的真实状态；对孩子的性格脾气、思维特点、兴趣爱好，以及影响他们成长的因素做到心中有数，才能更好地引导、砥砺、温暖他们。

教师在与每一个独特的个体对话的基础上，还要善于观察、分析、研究、总结，在大量"个案"的基础上，抽象提炼出不同类别、不同时代孩子的群体特征，结合教育目标和使命，采取恰当的教育教学策略，更好地完成立德树人的任务。彼得·德鲁克说："在不确定的时代里最大的危险不是变化不定，而是继续按照昨天的逻辑采取行动。"时代在变，我们的教育对象成长的社会因素和家庭因素都不同于以往，教师既要读得懂每个人的个性，也要读得懂一代人的共性，要理性接纳"一届不同一届"，而不能总是妄加菲薄"一届不如一届"。在当下，我们要深刻地意识到"90后""00后"的确是与过去不一样的一代。有人说，信息时代赋予他们"知晓一切"的本领，互联网赋予他们"执行梦想"的技能，他们喜欢自己做决定，不喜欢盲目地服从，那些传统的励志故事和时尚的"鸡汤文"对他们所起的作用不大，甚至可能会带来反作用。他们的精神世界自由舒展，但是也难免有时候会变得有些"佛系",甚至有点"丧"、有点"颓"。如何激发这代人的潜能,使他们胸怀家国、立志成才,敢于闯难关、攀高峰,堪当民族复兴的大任,是教师们要研究的一个重要命题。如果教师和他们说的话"对不上",就不可能点燃他们心中的梦想,不可能启动他们创造的引擎,一批风华正茂的时代新人就有可能会变得黯然失色。

历史上,有教育大家辈出的黄金时代,也有名师荟萃的文化土壤。20 世纪初叶浙江省立第一师范学校云集了豪华教师天团,鲁迅、李叔同、夏丏尊、朱自清、叶圣陶、丰子恺、俞平伯等在这里谈学问道,读书济世;20 世纪 80 年代,语文教育界于漪、钱梦龙、宁鸿彬、欧阳代娜等又一代名师构筑了新中国语文教育的中流砥柱。他们就像一个个坐标、一座座灯塔,给后学们以诸多的启示。在价值多元的今天,乃至于未来,我们都特别需要确定的价值引领;在信息泛滥、流量焦虑的时代,我们尤其需要真正的学术切磋。作为教师,我们决不能"独学而无友,孤陋而寡闻",我们需要与业界高人、同行学人和我们培育的时代新人对话,需要与更丰富、更广阔的世界对话。"对话,和由对话所产生的联系支撑着我们的存在",《上海教师》作为一个学术对话的平台,必将成为教师们心灵栖息的"存在之家",滋养不同年龄、不同个性的教师成长为真正的"师者"。

扎根中国和面向世界的《上海教师》

王洪明

上海市松江区教育学院科研部主任

祝贺《上海教师》学术集刊的创办,这对于中小学教师的成长非常重要。作为学术集刊,它需要有独特的研究内容、成熟的研究方法、创新的学术成果;作为人文社科类的学术集刊,它还需要具有中国特色和本土特点。《上海教师》如果能立足上海、扎根中国、面向世界,讲好上海教师的教育故事,传播上海教师的实践智慧,交流上海教师的理论创新,就能使得教师教育更加成熟。从历史上来看,学科成熟的标志不仅在于有经典性的学术著作与代表人物,独立的研究内容、成熟的研究方法与规范的学科体制,学术团体、学术刊物等平台也是非常重要的。就本人成长而言,从上海市第一期"双名工程"学员、第二期"双名工程"重点学员、第三期"双名工程"教心基地和德育基地导师团成员到第四期"双名工程"的高峰计划,上海市教委的"双名工程"就是我专业成长的重要平台。其间，我还领衔过上海市中小学（幼儿园）中青年骨干教师团队发展计划，受聘过上海师范大学基础教育特聘教授，上海市教委的这些平台有力地促进了本人的专业成长。我虽发表过一些关于教育教学的想法体会，但对于教师成长思考不多，原因之一也是由于教师教育的专业刊物相对不多吧。一路走来，我觉得对教师专业成长而言，平台很重要，特别是专业学术刊物非常重要。我想，《上海教师》作为新的学术集刊，是上海中小学教师专业成长的福音。

立德树人是教育的根本任务，全员育人是落实立德树人的基本要求，班主任是一支重要力量。我建议《上海教师》可以多关注中小学班主任这个群体。班主任是极具中国特色的中小学教师队伍，许多国家都没有类似于中国这样的班主任制度，我国却有400多万名中小学班主任。仅上海而言，在近17万中小学教师中，大概有4万多名班主任，约占教师群体的四分之一。以前将美国的"家房老师"（homeroom teacher）翻译为"班主任"，在我看来只是"家房老师"更像中国的班主任，如此翻译还是不太贴切的。一方面，许多国家并没有类似于中国的固定班级（行政班），只是以走班形式出现了教学班，既没有固定班级那种组织结构与功能，也不可能形成各自的班级文化。美国的中学负责学生管理与指导工作的是辅导老师（counselor）、家房老师（homeroom teacher）、训导主任（dean）等。另一方面，中小学班级生活是学生在校学习的重要组成部分，学生在班级中要学习过民主生活，培养人际交往技能与问题解决能力。华东师范大学李家成教授曾将中国班主任翻译为"Banzhuren"，这对于世界各国了解中国班主任的独特贡献就起到了很好的传播作用。在学校教育研究中，班级层面的研究，过去我们都习惯于参照西方国家所说的"课堂"，其实中国的班级是完全不同于"课堂"的，中国中小学的行政班与教学班是共存的，这样看来这种参照也是不合适的，需要加强我国中小学的班级研究，事实上我国有着丰富的班级变革实践。在教育综合改革的大背景下，上海教育有许多政策创新，如全员导师制、温馨教室建设等，一线班主任也有许多实践变革，这些成果都需要平台，需要面向世界讲好上海中小学班级和班主任的故事。

在中国中小学教师队伍中，教研员是另一支重要的专业力量。从OECD发起的面向基础教育的跨国家（地区）、跨文化的评价项目（PISA项目）来看，中国学生的科学、数学、阅读素养方面有良好表现，这与我国加强教师队伍建设特别是与中国的教研员制度密切相关。中国形成了独具特色的教研制度，有一个非常优秀的教研员群体，这对于提升中小学教师专业素养起到了不可或缺的作用。教研员不像大学教授，虽没有那么高的学术水平，但自身来源于中小学教师队伍，与中小学校（园）有着天然的关系；虽没有那么多的理论创新，但工作场景却经常在中小学校（园），与一线教育教学实践有着工作的联系。教研员在嫁接理论、政策与实践中，在传播政策、提炼经验与指导实践中的作用不可小觑。教师的成长离不开教研员，因为教师的成长是不同于学生成长的，教研员对教师的指导与教师对学生的教育也是有很大区别的。中小学生是未成年人，学生的成长是从未成熟状态走向成熟，教师对学生主要是教育、教学与管理；教师是成年人，教师的专业成长是由合格教师到优秀教师，再到专家型教师，其中教研员对教师主要是指导、支持、引领、培训、管理等，有很多规律是不一样的，值得我们去思考、探索。

塑上海教师的灵魂，做未来教师的灯塔

朱连云

上海市青浦区教师进修学院教育科学研究中心主任

今天很高兴能出席《上海教师》的首发式，作为一名上海的教师，我看到《上海教师》自然有一份亲切感，同时也真切地希望她能真正地代言上海教师、宣传上海教师，成为上海教师专业发展的精神家园。

刚才聆听到各位大咖的真知灼见，很受启发。我想谈一下个人对上海教师的想法。

上海教师的内涵是什么？我认为，就是"海派"两字！海纳百川，上海教师不封闭，善于向他人学习，世界有的教育方式，在上海都能找到印记；上海教师又很能扎根，有强烈的民族自强精神，家国情怀很深厚，具有中国气派。"海派"的文化内涵具体体现在以下这几个词上。

一是"全球眼"。无任是近代还是当代，上海的教师一直是开眼看世界的，勇于、善于吸收全世界优秀的教育教学经验和前沿教育理论。2018 年 OECD 开展的"教师教学国际调查"（TALIS）再次印证上海教师是具有前瞻性眼光和全球眼的。在"教师认同建构主义教育理念（思维过程比内容更重要）"一项调查中，OECD

教师的认同率是 84%，而上海教师的认同率是 96%；同样在"教师认同建构主义教育理念（思考是学习的好方法）"一项调查中，OECD 教师的认同率是 82%，而上海教师的认同率是 93%。

二是"中国心"。上海教师很有家国情怀，很会将国际上先进的教育理论和实践转化为本土行动，强调"做中国人""做现代中国人"，陶行知是，陈鹤琴是，当代的人民教育家于漪更是，爱国、爱家渗透到骨髓里。现在全国各地都能看到上海教师的印记，如果没有家国情怀、中国心的话，就不会有舍小家为大家的持续奉献。

三是"专业脑"。改革开放后，上海涌现出了很多在全国有名望的教师，吕型伟、段力佩、于漪、袁瑢、顾泠沅、刘京海、倪谷音、张思中、钱梦龙、冯恩洪……2017 年由中国教育学会等八家单位联合推选中国当代教育名家，评选的上海教师最多。同样 2018 年 TALIS 调查结果显示，上海教师的"学科认知"和"激发学生自主学习愿望"的能力和专业水平远高于 OECD 教师的水平。

四是"创新手"。地区和历史孕育了上海教师有主动求变的改革创新精神，从陶行知"教学做合一"的宝山实验到段力佩"读读、议议、讲讲、练练"的茶馆式教学再到静安区教育学院附属学校的"后茶馆式"教学，从上海走向全国的基础教育改革的成果不计其数，仅改革开放后，向全国推广的就有四个：顾泠沅青浦数改经验、成功教育、愉快教育、张思中英语教学法。2012 年以来上海学生的学业成就连续在 PISA 测试中名列第一，其主要的经验是上海连贯一致的课程教学改革。

上海教师值得宣传，让全世界能听到上海教师的声音，《上海教师》承担着这份使命。

同时，在成绩面前我们也看到了自身的不

足。对标国际、面向未来，上海教师促进 21 世纪学生关键能力发展的能力不足，2018 年 TALIS 在"促进学生自主学习（布置一周以上的长作业或项目学习）"和"我让学生运用信息技术和通信技术完成作业"两项调查中，上海教师明显落后于 OECD 教师的均值。对标长三角、面向全国，当前上海中青年教师的人文学术底蕴、影响力恐怕不如二十世纪八九十年代。

原因可能是多方面的。一是我们太功利了；二是很多优秀的教师走上了领导岗位，优秀教师遭遇"夭折"；三是优秀教师缺乏独立自主的成长空间。这正是需要《上海教师》加以鞭挞和警示的，《上海教师》有这份职责。

最后说说我内心对《上海教师》的期盼，套用一句——重塑上海教师的灵魂，做未来教师的灯塔！

从"心"出发，从"新"出发

徐凯里

上海市复兴高级中学学校发展中心主任

习近平总书记在多个场合对教师提出希望、立起标杆、指明方向。要以"四有"教师为目标做好学生"引路人"——做学生锤炼品格的引路人，做学生学习知识的引路人，做学生创新思维的引路人，做学生奉献祖国的引路人。

我从教已经有十七年，曾经走过摸爬滚打的历程，经受过教学问探的考验，就在几年前，我发现自己处于专业发展的高原期，就像查理斯·汉第的斯格模德曲线所指，在人生最高点之前，要开辟第二条人生的曲线，才不会从到达顶峰后走下坡路。我需要进一步明确目标、采取行之有效的方法，才能顺利穿过瓶颈，实现自我超越、快速发展。那么该如何做呢？

在《西游记》中，孙悟空绝对数得上是一位高端人才，他是如何成长的呢？孙悟空学艺的地方叫作灵台方寸山、斜月三星洞。这是一个隐喻，灵台、方寸、斜月三星，指的是同一个字，就是"心"字。孙悟空的一身本领，就是来自他自己的一颗心。所以要成为一名优秀的教师，就要围绕"从心出发"来开始。

从心出发首先要立心为志。关于这个"志"字，《说文解字》中说："志者，心之所之也。""树无根不长，人无志不立。"新时代教师要以"复礼、归仁、兴邦、立事"为发展目标。礼指行为规范，复礼指教师行为世范，为人师表，有道德情操；仁指价值取向，归仁指教师要有仁爱之心，爱学生，有高尚的职业道德；兴邦强调教师的社会使命，要有理想信念，认识到百年大计，教育为本，教育是实现中华民族伟大复兴的中国梦的基石；立事强调教师要有扎实学识，有强烈的事业心和精湛的专业技能。这正是习近平总书记提出的"四有好老师"标准。

其次要用心为悟。什么是悟？中国明代哲学家罗钦顺的《困知记》中提到，有所觉之谓悟，无所觉之谓迷。在对教育理解的不断深入中去悟，在对自身认识的不断清晰中去悟。复兴高级中学创造一切客观条件去帮助教师们开悟——明师的指点，同侪的交流，从书籍中汲取，从经验中积累。当然，悟也是需要主观条件的，需要耐心、细心、恒心。可以说，悟是无止境的，越悟越深、越悟越高。

讲完了"从心出发"，我们再来看"从新出发"。如果说斜月三星的"心"是为师的世界观，那么这个"新"字可以看作成为新时代优秀教师的方法论。

"新"字左上角是一个"立"。要做好新时代教师，先要做到的正是一个"立"字。古人把立德、立功、立言称为"三不朽"，也是中国古代仁人志士们所追求的最高境界。在新时代的今天，面对一流城市孕育一流教育，一流教育成就一流城市的需求，这三个"立"更有着现实意义。

一是以德修身。明代洪应明编撰的《菜根谭》中写道："德者，事业之基，未有基不固而栋宇坚久者。"要成长为高端教师，个人的品德素养就是基础，就同兴建一座高楼大厦，假如不事先把地基打稳固，就绝对不能建筑坚固耐久的房屋。师德是教育之魂，教师的天职。百川归海，教育的路径可以有千万条，对教育的诠释也可以有千万种，但教育的终极宗旨只能是一种，那就是成就人。

因此，对于我们新时代的教师而言，要学高为师，广采博学；要身正为范，以身作则；更要因材施教，关注个体。用终身育人的诚意，为国立才的立意，精心育人的创意，在文化自信和价值自觉的基础上，坚守价值引领的本质，做好学生成长的领路人。

二是以功立身。唐代韩愈的《师说》中写道："师者，所以传道受业解惑也。"作为教师，学生的成长就是最大的功绩。而要评价一位教师的功绩和贡献，就要看他能在多大程度上激活学生的个性潜能，并促使这种个性潜能持续不断

地发展，这也是教师的立身之本。

作为"80后"教师，首先，希望能够在传承前辈"上海经验"的基础上，更进一步，走出一条属于自己的大道，作出我们"80后"的"上海贡献"；其次，在海纳百川的基础上，我们更要拓展国际视野，汲取世界教育智慧，不断探索自己的可能性。教师授人以渔，不仅仅是传承书本上的"显性知识"，更要帮助学生探索塑造人生观、世界观、价值观的"默会知识"。

三是以言居身。教育是一种富有挑战性与生成性的智慧生活，教师自我价值的实现，在很大程度上是"传承"之上的"创造"，是"立功"之后的"立言"。有了立言，教师才算是有了一颗居身的内核。优秀教师必定是教学和研究双翼齐飞，教得出色外还要研得创新，在形成个人特色与风格基础上著书立说，惠及他人，同时在发展自我的同时，还要担当起历史赋予的重任，带动青年教师迅速成长。

当然，"立言"并非是要求人人成专家，更不是狭义上的仅仅写论文做课题，而是应该激活自身的研究因子，培育探究精神，带着理念进课堂，教学才有风格，基于研究搞教育，教育才有品质。唯此，教育的精神才能傲然屹立！当然，在立言之后，不仅要独乐乐，更要与众乐乐。《上海教师》的发行就给了我们这样一个"众乐乐"的平台，有理由期待，在这个平台上，会呈现许多同仁们精彩的"立言"，期待给我们带来更多的精彩。

"新"字的左下角是一个"小"。老子说过"天下大事必作于细，天下难事必作于易"。新时代教师更要从小做起，落实落细，把研修落到教学工作的每一个角落，时时研修，事事研修，不断反思自己的经验，反思自己的教学行为并不断形成成果。与日常工作相结合的研修才是真正有意义的研修，才能最终激发职业认同感与成就感。

"新"字的右侧是一个"斤"。"斤"是斧子，是工具。北齐刘子说过"羿无弧矢，不能中微""锤无斧斤，不能斫断"，荀子也说过"君子生非异也，善假于物也"。教师就是要善于学习，善于使用各

种工具,学习新的教育理论、策略、方法并用于实践,敢于尝试,敢于探索。尤其是在当下信息时代,教师更要大胆走进互联网、走进人工智能。

中国教育加速进入了新生态,我们每位教师都身在其中,我们唯有不断学习、不断成长,才能真正适应"人机共教"的新时代。我们期待,未来的上海教师既能够不忘初心,坚守以人为本的立场,又能够开拓前行,大胆吸纳人类社会一切创造性的技术,传承文化,点亮心灯,创造上海教育更加美好的未来。

从历史中走来的上海教师

吴国平
上海师范大学副教授

"历史中走来的上海教师"这个主题,乍一看是当前四史教育的拓展,也能够很快明白它是围绕我们集刊的名称和定位的研讨。讲好中国故事,讲好上海教师的故事,这确实是我们今天应该承担的工作。从这样的意义出发,《上海教师》未来少不得要说好一个又一个上海教师的故事,但是更重要的是说好故事的资本——上海教师究竟有怎样的品质,这些品质是如何历史地形成的,它又将如何在新时代书写上海教育的辉煌。

从历史中走来的上海教师,它有两条线索,一个归宿。一条线索是历史的。地理意义上的上海源远流长,但是教师身份的出现却是晚到

1840年以后才出现的事情。没有鸦片战争的挨打,恐怕也不会很快出现这个"教师"。那么,被人家打进来的这个教师是个什么"东西"呢?这是我们需要思考的。另一条线索是称谓的。民国初,它叫先生;民国后期,它叫教员;1949年以后,它叫教师,进而又叫人民教师。而它的归宿只有一个,就是反映上海教师的品质。那么,上海教师具有怎样的品质呢?我想这也是我们今天讨论这个命题的价值所在。

一、师之由来与演变

从历史中走来的上海教师,是怎样的呢?历史中不光上海没有"教师",中国也没有"教师",古语里边不仅没有"教师"一词,也没有专门从事"教"的"师"。古时只有师,没有教师。师,更确切地说是政治家。韩愈的"师者,所以传道受业解惑也"与其说是对授业者的要求,不如说是对政治家的要求。当然这里的政治家不是亚里士多德意义上的,也不是现代文明意义上的,而是维系宗法社会伦理的各级君卿士儒,所以古时候有道统、有政统、有学统,但就是没有教统。"教",在中国古代没有独立的地位。古人常言"半部《论语》治天下",但在《论语》中几乎没有论及"教",而是反复不

断地提及"学",所以后人讨论"教"多从荀子说起。说历史上我们没有教师,但是能不能说这个地方就没有教育呢——恐怕不行。那我们是怎么体现"教"的呢?古人的"教"隐在政治中,常常以教化的形式出现。道统代表家国天下的儒法理想;政统接近于制度安排;学统反映着对儒法社会及其制度安排的体认。"三统"合起来处理宗法社会的家国事务,处理好了,天下一统,国泰民安,就是好的政治,也是对理想的家国天下思想的示范;反之,处理得不成功,则天下大乱,内忧外患,政治失败,理想的家国天下价值示范宣告失败,改朝换代总是以"替天行道"为借口就是这个原因。所以在中国古代表现出来的是"政教合一","教",在政治中——所谓"天下兴亡,匹夫有责"。其中,所虑的兴亡不在于一家一族的利益,而是理想社会的价值;所担之责也不是个体的牺牲,而是匹夫身上所内化的天下道义。就此,政教合一把社会的价值和个人的行为糅合在政治——教化之中,将对理想社会思想价值的弘扬同个体的修为与责任建立起了联系。所以荀子提出"以善先人者谓之教"(《荀子·修身》),"教"就意味着个人的社会表现比别人更优秀、更值得示范。《中庸》说"修道之谓教",认为"教"就是修道,强调的同样是"教"的社会表现。可见,中国古代不仅没有今天专门从事"授业"活动的"教师",连教育活动也多是通过政治性的社会活动得以体现。

二、师名称谓的流变

从师名称谓的演变来看,近代意义上教师的出现是西学东渐以后的事情。民国初期,最早的称谓是"先生"。为什么叫先生,先生觉后生,先学觉后学,闻道有先后,术业有专攻,"三人行必有我师焉",教育的真谛在于躬行和觉悟。先生后生之别只在于时间的前后和程度的差异,都在行与悟的进行过程中。所以古人一度嘲讽那些自诩为师的人,以好为人师为负面警策。可见,"先生"

通过示范"善"彰显"师"的本义,至今都是人们对德高博学者的敬称。沿袭在民间还有"教书先生"一称。"书"在历史中有狭义、广义之分,最早专指《尚书》;此后也指称四书——《大学》《中庸》《论语》《孟子》,那时的书多是刻制在竹简上的;再到后来随着印刷技术的出现,把经过装订印制在纸帛上的文字称作书,及至今日各类形式的书已是目难尽收。试想,狭义、广义之书所承载的知识和学问之深之多何人能传?只能靠个人治学,靠个人修行,"教书"表明谋生形式,"先生"揭示治学修行的进阶——以"善业""善德""善觉"启"后生"的"先人"而已,这就是荀子"以善先人者谓之教"的道理。由此,也就容易理解世人所谓"后生可畏"是对"先生先觉"的必要补充。

及至民国中后期,人们对授业人员称"教员",为什么呢?这是因为出现了专门开展教学活动的新式学校,有了专门从事授业的人员。教员的任务就是讲得清楚,教得明白,讲解是教员的外在能力,知识修养是教员的内在品质,讲授清晰就是教员的本事和能耐。"先生"和"教员"这两种称谓在我国台湾和同为东亚文化圈的日本沿用至今,且经常交叉使用。

从教的人可以称师,那是中华人民共和国成立后的事。它体现了人民政权对教育工作意义的高度认识,把从教人员的身份提到了从未有过的高度,从事教职可以为"师"——传统社会身份地位最高的群体。这样的师,自然代表人民的根本利益,因此它理所应当就是人民教师。继之,又有人民教育家的称谓,用以激励从教者不断进取。冷静地看,师也好,人民教师也好,这些都是对从教者的应然称谓,却未必是普遍的实然状态。

可见,从历史中走来的教师,就是从帝王之师,再到先生觉后生的"先生",从只重知识传递的教员而到引导民众的人民教师,至今又诞生了人民教育家,它为上海教师的发展书写了一条清晰的历史画卷。

值得一提的是,在西方没有"师"这个概念,只有政治家、艺术家之流,却不见"授业家"之说;相应地,"教师"也不是对"teacher"的翻译。

西方教育学里边也没有传道、授业、解惑的从教要求，好的从教者是激励学生自己学习。社会学家沃德就将教师分为四类：平庸的老师传授知识；水平一般的老师解释知识；好的老师演示知识；伟大的老师激励学生去学习知识。无独有偶，在近代中国私塾里的先生，也很少"开讲"，"读书"多是"生徒"自己的事。就此来说，实际上教员用传道、授业、解惑的政治家标准来要求自己，那确实不是别人的高尚，而是我们自己的热情。

三、可以触摸的上海教师

近年来"海派教师"常常成为业界议论的话题，那么上海教师究竟有怎样的品质呢？自开埠出现新式学堂以来，上海教师就以自己的眼界宽阔、勇于引领时尚和潮流、追求一流等品质受到世人瞩目。早年，格物致知的新知识多是由上海教师率先引入课堂。有人统计1949年以来的两院院士，多出于江南，其中上海又独占鳌头，原因有许多，而沪上名师荟萃是其中一条重要的原因。两院院士王选早年就读于南洋模范中学，后来回母校忆及当年求学岁月，名师荟萃，历历在目，其中虽有用沪语授课的教师，却素养高超，精彩纷呈。他形象地以"大馄饨"来赞誉那些学养厚重、眼界开阔、一流上品的优秀教师，并以复杂的情感赞叹赵宪初为"南模最后的大馄饨"。有些年岁的老师应该记得，后来成为南模校长、沪上著名教育家的赵宪初是南模数学教师，他教代数是出了名的。除南模以外，上海还有澄衷中学、格致中学、大同中学、市三女中、延安中学、育才中学、向明中学、浦东中学、上海中学、徐汇中学、万竹小学，等等，20世纪50年代以后又有一批大学附中崛起。伴随这些学校的有马相伯、黄炎培、丰子恺、陶行知、陈鹤琴、段力佩、叶克平、薛正、袁瑢等一大批声名显赫的教师，他们都当得上王选口中的"大馄饨"。

显然，关注上海教师不是为了讲好故事，而是为了让上海教师出现更多的"大馄饨"。当年王选说赵宪初是"南模最后的大馄饨"，言语之外虽透着些许无奈，好在这之后上海又出了于漪，似乎表明上海教师队伍中还有"大馄饨"。近年来，随着各式"故事体"叙述兴盛，上海教师日益名扬四海，在自豪和赞叹之余也难免生出庸人自扰的疑问：于漪会是上海教师最后的"大馄饨"吗？且不说今天还有没有与上述一大批人物等量齐观的上海教师，就是20世纪八九十年代活跃在沪上杏坛的那些教师：教数学的曾容、教物理的袁哲诚、教英语的何亚男、写《知困录》的沈蘅仲、胜似杂家的商友敬、对教学法毫不含糊的张平南、强调导读的钱梦龙、教小学数学的封礼珍……他们基本上没有受到后来热闹非凡的课程改革、评价改革的熏陶，也几乎没有从各地"觅"来的出身，还没有习得说故事的本领，纯属地地道道的上海教师品质。顾眼四望，今朝这样的教师似乎踪影难觅。诚愿上述有关"大馄饨"的一堆议论只是作为庸人的余虑，而不是沪上一众名师之尴尬。"人民满意的教育"不是写在文件上、挂在嘴巴上的金句银语，而是课堂里演绎着的一幕幕生命的精彩，上海教育需要更多"大馄饨"式的教师。

由此可见，上海教师不是一个符号，而是一种存在状态，是特定的品质。

四、上海教师的品质

上海教师的品质是历史地形成的，也应该做出历史性的回答。其概括起来有四个特征：

第一是情，即家国情怀。上海教师的形成就是积贫积弱的民族危机的直接结果，无此，上海的开埠还无从谈起，沿袭近1300年的科举也不会瞬间被废，构成上海教师所必需的地域空间和身份角色便是空中楼阁。可以说上海教师与生俱备的是从苦难中被拷打出来的品质，这些品质集中到一点就是家国情怀，那是中国知识分子从历史和时代身上汲取的优秀品质：抵御外敌，不畏强暴，师夷制夷，匹夫有责。

第二是新，即与时俱进。正因为近代上海的崛起是古老文明因应外部冲击的结果，上海教师从一开始就表现出求新应变、不断创新、与时俱进的特征。无论是早期开设的新学、引入的新知，还是仿学日本学制，继而引入美国学制，再到以俄为师学习苏联的近代学制改革，是如此；考察历史可以清晰地发现，二十世纪二三十年代流行于欧美的各式教育思潮都在上海教师这里留下过探索的痕迹，也是如此；恢复高考之后，上海又是主动求变，率先引入第二课堂，继而进行高考自主命题改革，再到一期课改、二期课改、绿色指标评价改革等，都是主动求新求变，以回应时代发展的潮流，同样是如此。可以说，与时俱进已经成为上海教师的特有基因。

第三是宽，即视野开阔。和与时俱进结伴的品质是，上海教师的视野开阔，从不拘泥于一时一地的局部经验和成果，从全球视野和社会经济、科学技术最新发展成果里边学习、借鉴，汲取不断前行、不断发展的动力。从综合实践活动到芬兰经验，从 PISA 测试到中英教师交流，从教育信息技术的运用到深度学习理论的探索，等等，莫不是如此。

第四是优，即追求卓越。上海教师从不停步于既有经验，从不躺在既有成果的功劳簿上。在上海教师身上没有最好，只有更好，他们始终在追求更优秀的道路上。在这里，不仅有中国本土最优秀的教育经验，也有国际化、世界级的办学成果，这些经验和成果无不来源于上海教师追求卓越的品质。无论是上海本地学校的办学声誉，还是国际学校的教育质量，背后都有上海教师追求卓越的因素。

上述四大特征，历史地反映了上海教师的特有品质。今天，我们需要更全面地展现这些特征新时代的意义。这不仅是因为上海教育自身面临着新的发展局面，从关注课程到回归教师是教育发展的内在要求，唯有内在于教师的课程才是从应然到实然的正道；更重要的是，今天我们站到了民族发展新的历史时期，复兴是伟大的梦想，展现在于人的教养水平。体现国家强盛的教养是什么呢？这是每一位上海教师都应该认真思考并做出确凿答案的命题。

五、对《上海教师》的期待

作为教育的从业人员，今天为上海增加了一份以教师为主题的读物高兴，为上海教育领导的远见卓识所钦佩，为在座和不在座的各位行家对读物的支持赞叹。

新生的刊物犹如新生的孩子，总会寄托人们的无限希望。《上海教师》同样如此，它不只拥有了自己的称谓，更有了成就自己、成就上海教师的无限可能。

作为一个符号，上海教师日益受到关注。面对上海二十万教师的真实生存，我们希望，刊物不必学术，但求画像，一展师者风貌；不必赞美，但求诉说，一叙讲台甘苦；不必讴歌，但求疗慰，一抚身心疲乏。

教育所内含的价值，无法自己表现，总要通过教师的言传身教来传递。就此而论，课程、评价都无法替代教师的创造。艺术史家贡布里希曾经说过一句很有意思的话：没有艺术，只有艺术家。借用到教育可以说：没有教育，只有教师。在动辄课程、动辄评价之后，今天，我们需要迎接一个教师的年代。没有教师理解的课程是理想，没有教师展现的评价是说教，我们期待《上海教师》能够引导这样一个时代的到来。

由此需要研究和关注上海教师的品质。上海教师是历史地形成的，它具有开拓创新、视野开阔、锐意进取、追求卓越等品质，面对转瞬即逝的时代变迁，它需要不断与时俱进，开创未来。

在常人看来，刊物依赖的是名人名家名篇；其实，一份刊物的价值和资源是让作者找到读者，让读者认识作者，让作者与读者不断产生共鸣，确认进步的价值，进而不断壮大共同的力量。我们期待，在《上海教师》的号召下，能够集聚上海更多的教师，成就一个时代大写的上海教师。很高兴在《上海教师》结识各位贤达，让我们共同努力！

（责任编辑：汪海清 景超）

课程思政的教学质量评价及其作用机制研究
——基于学生学习满意度的视角

曹扬[1]　姜超[2]

（1. 上海应用技术大学生态技术与工程学院　上海　201418；

2. 上海应用技术大学教务处　上海　201418）

[摘　要]　课程思政的教学质量评价是课程思政教育教学改革的一个基本问题，它既包括对课程思政自身教学效果的评价，也包括对实施思政教学后课程整体质量的评价。从学生学习满意度的视角研究课程思政的教学质量及其与课程整体教学质量之间的关系，并解释两者之间的关联程度和作用机制，有助于深化课程思政探索。链式中介模型实证分析表明，学生对课程思政的认同度能够正向影响学生对课程的整体满意度，但这要以学生对课程思政的接受度和满意度为中介才能实现。因此，课程思政的教学质量是影响课程整体质量的重要因素；在教学实践中，可以通过营造激发学生学习动机的舆论环境、强化影响课程思政教学质量的关键环节、创设支持学生中心地位的教学环境等措施有效提升课程思政的教学效果，进而实现课程思政赋能金课建设。

[关键词]　课程思政　教学质量评价　学生满意度　金课建设　链式中介模型

一、研究背景

习近平总书记在全国高校思想政治工作会议上强调，各类课程都要与思想政治理论课同向同行，形成协同效应。据此，上海市率先提出"课程思政"的理念，以知识传授和价值引领相结合为重点，探索在制度设计和激励机制等方面形成一套可复制可推广的实施路径。2017 年 5 月，"课程思政"被纳入《关于深化教育体制机制改革的意见》，从地方实践探索转化为国家战略部署，相关的理论研究和实践探索迅速开展。

基金项目：本文是上海德育实践研究课题"基于 OBE 理念的课程思政教学评价研究"（项目编号：2020-D-128)、上海应用技术大学课程思政重点课题"课程思政全流程质量保障体系研究"（项目编号：1021ZK201001005）和"基于党建核心职能，应用型高校基层党组织抓好课程思政的模式与路径"（项目编号：1021ZK201001031）的阶段性成果。

作者简介：曹扬，上海应用技术大学生态技术与工程学院教授，博士，主要从事区域经济和城市化评价研究。
　　　　　姜超，上海应用技术大学教务处副研究员，博士，主要从事高等教育管理研究。

在中国知网中以"课程思政"为关键词进行搜索,2017 年以来的相关研究论文超过了 800 篇。归纳起来,这些文章可以分为三个层面:概念层面,即课程思政的重要价值;政策层面,即课程思政的推进路径;实施层面,即课程思政的实践做法。三个层面都非常关注课程思政效果的评价问题。高德毅、宗爱东在高校思想政治理论教育课程建设方案中把"编制具体教学指南,开展效果评价"作为"课程思政"试点建设的重点工作之一。[1] 同样,对价值观教学的评价在国际上也是一个受关注的重要问题,美国教育研究协会(AERA)前主席理查德·谢维尔森(Richard J. Shavelson)指出,学生的学习结果不仅包括标准化测验可评价的能力,还包括学生在某一学科领域的认识、理解、推理能力以及在人际、公民、社会和跨文化方面的知识和行动等所谓"软性"学习结果。尽管目前评价这些技能的最新技术不足以支持建立一套全国性的标准化措施,但这些"软性"学习结果若不被评价就不会引起学校的重视,因为学校总是将注意力集中于那些容易评价且评价成本低的学生的学习结果上。[2]

二、研究现状

当前,关于课程思政成效的评价研究主要集中在两类。第一类,从课程本身的视角评价课程思政的效果。此类分析往往基于学生对"课程思政的教学效果""课程思政内容是否有助于本学科知识的学习""课程思政的授课方式是否合适"等方面的满意度展开。[3] 第二类,从更宽泛的人才培养方案视角探讨课程思政的评价问题。例如,李国娟认为"课程思政"改革的效果必须以学生的获得感为检验标准,提出在人才培养方案中运用 OBE 理念(基于学习产出的教育模式,Outcome based Education)明确思政教育方面的目标和素质要求,并以此为标准制定课程体系和教学标准。[4] 一些工科专业教师进一步提出可借鉴专业认证思路,从学生毕业要求出发

制订并实施教学方案。这种做法形成了一整套闭环体系,始于将课程思政融入人才培养计划和教学大纲,进而通过授课计划和教案予以具体实现,最后通过作业和考核对学生在课程思政教学目标上的达成度进行定性定量的比较分析。[5] 总体来看,上述两类评价研究都将教学目标的设置作为课程思政教学效果评价的逻辑起点或关键节点,强调课程知识点与思政育人点的匹配融合;从课程论的角度出发,借助布卢姆教育目标分类法,可将专业课程在课程思政方面的教学目标分为知识领域目标(了解核心知识与其他学科知识之间的关系,为学生了解历史、社会和世界提供多种思维方式与广阔的教育)、能力领域目标(教会学生运用所学课程的知识分析其他学科问题或社会问题,培养学生的思考、批判、创新等能力)和情感领域目标(引导学生形成某种兴趣、态度和价值观,认识各种社会现象,与自然、社会及他人和谐相处)。[6]

与作为评价活动逻辑起点的教学目标设置的研究相比,关于课程思政教学目标达成度(包括学生满意度)的研究与实践都显得滞后,沈壮海、段立国在总结 1978 年以来思想政治教育测评的基础上指出其仍然存在着"指标"和"方法"两方面的困境,[7] 对影响课程思政教学效果的核心因素及其内在作用机制的研究还不够深入,讨论课程思政与提高整体教学质量之间关系的实证研究开展得还较少。就教学测量与评估的方法而言,档案袋评价法、心理量表测验法、标准化考试、问卷调查法、课程嵌入式评价法等常用于评价描述教学达到目标的实际情况的方法基本都适用于对课程思政效果的评价。[8] 在课程思政总体成效评价方面,李黎、孙洋洋提出"课程思政"的效果包括教学内容中渗透核心价值观、教师教学态度的改善、教师本人的正能量对学生的积极影响等,并通过"类属分析法"总结出教师的职业素养和人格品质(包括学科素养、教学素养、思政素养等)是影响课程思政实际效果的最重要的因素。[9] 在课堂教学对课程思政成效的影响

方面，刘隽、范国睿采用结构方程模型分析得出：课程思政满意度（学习风气和氛围、课程质量、学术经历、整体收获成长）的核心影响因素是师生关系，师生关系越好，课程思政的效果也就越好；学生自我收获（明晰个人人生观，明确未来发展规划，理解不同文化和价值观，具备批判性思维）感知是位列第二的影响因素，学生自我收获感越高，课程思政满意度也越高。[10]

课程思政的教学是通过"盐溶于汤"的方式整合于课程教学过程之中，课程思政的教学质量评价包括两个层面：一是对课程思政自身教学效果的评价，二是对实施思政教学后课程整体质量的评价。本研究基于"学生中心"理念，以学生在整个教育过程中的体验为依据，对课程思政开展情况与学生对课程的整体满意度之间的关系进行深入分析，旨在得出课程思政教学效果如何影响或决定学生对课程的整体满意度，以及课程思政教学在多大程度上影响或决定学生对课程的整体满意度。

三、模型假设和描述性分析

学生学习满意度作为直观反映大学生对学习体验自我评价的指标集群，在课程评价实证研究中已经被广泛采用当作衡量教学质量的重要标准，乃至高等教育质量评判的原点。[11]因此，本研究亦将学生学习满意度作为测量评价的基础，并根据课程思政的内在特征，将学生对课程思政教学的满意度作为学生对课程的整体满意度的组成部分和影响因素。

链式中介模型[12]把学生对课程思政教学的满意度和对课程的整体满意度作为学生总体的主观感知评价，将影响学生对课程的整体满意度的教学过程分解为四个层层关联的要素：学生对课程思政的认同度—学生对课程思政的接受度—学生对课程思政教学的满意度—学生对课程的整体满意度。学生对课程思政的认同度是指学生是否认同课程教学应同时承担价值引领

的功能（问卷问题主要围绕学生是否"赞同"通过课程学习，不仅应获得知识和能力，还应在道德修养、职业素养、价值观念等方面得到提升），学生对课程思政的接受度是指学生是否接受专业课任课教师在教学过程中所采用的知识点与育德点相结合的融入方式（问卷问题主要围绕教师将时事政治、优秀事迹、历史文化或先进精神、辩证思维方法等内容融入课程教学，是否"有助于"学生对课程知识的学习）。

研究假设："学生对课程思政的接受度"（下面简称 B）、"学生对课程思政教学的满意度"（下面简称 C）在"学生对课程思政的认同度"（下面简称 A）与"学生对课程的整体满意度"（下面简称 D）之间起中介作用，且 B→C 在 A 和 D 之间起链式中介作用。研究构建了"2+1"条复合中介路径，包括 2 条简单的中介路径（A→B→D，A→C→D）以及 1 条远程的中介路径（A→B→C→D）。

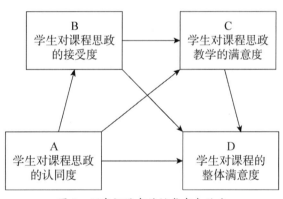

图 1　研究假设中的链式中介效应

调查以一个 170 人选课班（课程名称"GXBC"，通识课程）为研究对象，选课学生来自全校 14 个学院（占全校 77.8%），有很好的专业覆盖面。绩点 3.5—4 占 9%，3—3.4 占 23%，2.5—2.9 占 40%，2.0—2.4 占 23%，1.0—1.9 占 5%；学生绩点数据分布的偏度值 −0.086（标准误差 0.186），Z-score= −0.086/0.186= −0.462；峰度值 −0.247（标准差 0.370），Z-score= −0.247/0.370= −0.668；在 α= 0.05 的检验水平下，Z-score 均在 ±1.96 之间，可认为学生绩点服从正态分布。正式调研前进行了预调研并作了相应的微调；问

卷在"问卷星"平台向该班级学生定向发放,调研时间为课程结束前 1 周,收到有效问卷 165 份（一年级学生占 58.8%,二年级学生占 33.3%,三年级学生占 7.9%）,问卷有效率 97.1%。Cronbach α 系数值为 0.829,大于 0.8,数据信度质量高;KMO 值为 0.774,大于 0.7,数据效度较好。问卷信效度表明,所得数据可用于进一步分析。

对本次问卷的探索分析有助于教师从学生的视角审视、设计课程思政教学方案。首先,课程思政教学方式按有效性排序（有效性高的在前）为:B（结合课程内容增加相关案例）、C（校外专家、优秀校友"现身说法"）、A（直接引入思想政治的相关知识及理论）、D（开展具有思政教育意义的专业实践活动）;从基于选择顺序的"平均综合得分"来看,B 选项的有效性是 A 选项的 1.69 倍,正好说明了育人点与知识点融

合的重要性及课程思政教学"盐溶于汤"模式的适配性。

其次,教师在选择课程思政的教学资源时最容易设计且实施最多的方式中,E（科学精神）、F（实践创新）、H（职业素养）、G（企业文化）明显居后,这是值得重视的一个现象。

四、链式中介模型分析

研究借助 Mplus7.0 建立结构方程模型,并采用 Bootstrap（迭代次数 N=3000）进行参数估计（当 95% 偏差校正的置信区间不包含 0 时表明参数显著,包含 0 时则为不显著）。

表 1 显示,C（学生对课程思政教学的满意度）对 D（学生对课程的整体满意度）具有显著正向预测作用（$\beta=0.595$,

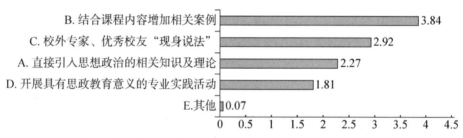

图 2 "学生觉得在课程中融入思想政治教育的有效方式"得分

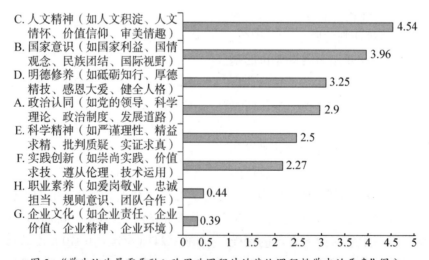

图 3 "学生认为最需要融入除思政课程外的其他课程教学中的要素"得分

$p<0.001$），但 A（学生对课程思政的认同度）（$\beta=0.174$，$p=0.127$）、B（学生对课程思政的接受度）（$\beta=0.084$，$p=0.434$）对 D 的直接预测作用都不显著。A（$\beta=0.365$，$p<0.001$）和 B（$\beta=0.432$，$p<0.001$）对 C 都具有显著正向直接预测作用，A 对 B 也具有显著正向预测作用（$\beta=0.393$，$p<0.001$）。模型对 D（$R^2=0.572$）和 C（$R^2=0.444$）都具有较高预测效力，对 B 的预测效力则较低（$R^2=0.154$）。

表 2 显示，B 和 C 在 A 与 D 之间的总中介效应显著（total indirect effect=0.351,SE=0.045,95%CI=[0.260,0.434]），总中介效应占总效应的三分之二（66.7%），表明 A 对 D 的预测作用主要通过 B 和 C 的中介作用。

在中介效应中，B 单独的中介效应不显著（indirect effect=0.033,SE=0.050,95%CI=[-0.035,0.156]），但 C 单独的中介效应显著（indirect effect=0.217,SE=0.075,95%CI=[0.087,0.369]），B→C 的链式中介效应也显著（indirect effect=0.101,SE=0.041,95%CI=[0.040,0.201]）。其中，C 单独的中介效应占总中介效应的 61.8%，而 B→C 的链式中介效应占总中介效应的 28.8%；这表明 A 对 D 的间接预测作用主要是通过 C 的独立中介作用，其次是 B→C 的链式中介作用。

表 1　路径系数估计表

路径	β	S.E.	t	p
D(R^2=0.572)				
A→D	0.174	0.114	1.527	0.127
B→D	0.084	0.108	0.782	0.434
C→D	0.595	0.091	6.509	0.000
C(R^2=0.444)				
A→C	0.365	0.112	3.253	0.001
B→C	0.432	0.087	4.983	0.000
B(R^2=0.154)				
A→B	0.393	0.088	4.466	0.000

表 2　A 对 D 的标准化直接效应、间接效应和总效应估计表

效应类型	平均效应	标准误差	95%CI	
			下限	上限
总效应	0.526	0.106	0.313	0.714
直接效应	0.174	0.114	−0.045	0.394
总间接效应	0.351	0.045	0.260	0.434
A→B→D	0.033	0.050	−0.035	0.156
A→C→D	0.217	0.075	0.087	0.369
A→B→C→D	0.101	0.041	0.040	0.201

（Bootstrap = 3000）

五、结论与建议

课程思政使学生自觉内化价值意义，完善了课程的价值引领功能，同时促进了课程整体质量的提高，因此也是课程思政赋能金课建设的重要途径。

（一）本研究的主要结论

1. 课程思政正向影响课程的整体教学质量

自 2018 年 6 月教育部召开新时代全国高等学校本科教育工作会议后，"金课"作为一个热词被写入教育部文件。作为一个描述性概念，金课不仅是一种教学实践模式，更是一种教学价值追求。课堂教学是立德树人的主阵地，对标金课建设的"两性一度"标准，可以看出课程思政与金课建设具有内在一致性。高校的每一门金课都必须同时承担知识传授和价值引领的功能，并且应在具体实施过程中做到两者相互渗透、相互促进。课程思政站在学科、专业的角度，在教学目标上引导学生形成正确的价值判断、价值选择等高阶思维，在教学过程中引入当前社会中存在的最新问题，创设教学情境，布置挑战性作业，在教学效果上追求鲜活性、说服力和亲和力，这些课程思政的建设内容都是对传统教学的有效超越，尤其在"价值引领"上完善了金课建设。

价值引领能够调动学生的自我学习能力，德育要素通过课程思政在课程学习过程中的落实使学生的学习成果更具有探究性、更显得个性化，学生从中获得新鲜感、深刻感、愉悦感和责任感，从而提升了对课程的整体获得感。正如有效教学论所指出的，教学既是一种认知过程，也是一种情感过程。[13] 在认知发展促进情感发展的同时，情感也对认知起着十分重要的作用，能够对认知活动起到动力和组织的作用。如图 4，研究结果显示，模型对 D 和 C 预测效力较高，具有统计显著性的 A→C→D、A→B→C→D 两条中介路径进一步验证了"学生对课程思政教学的满意度"能够有效促进"学生对课程的整体

满意度"等结论，课程思政的教学质量是影响课程整体质量的最重要的因素之一，这也是课程思政教学改革的合理性所在。

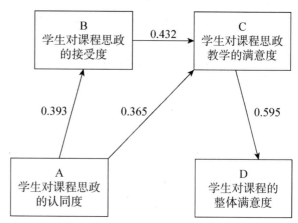

图 4　具有统计显著性的路径示意图

2. 课程思政教学是一个对价值意义的内化炼制过程

课程就是学生实际体验到的意义。课程思政对课程整体教学质量的提升不是额外附加、机械地完成的，而是一个整体的内化（或曰生成）过程。仅仅在教学目标环节增强学生对课程思政的认同度以激发其学习意向，并不一定能带来学生对教学效果满意度的提升，而必须以提高学生对课程思政的接受度为中介。这里的接受度，是指必须在教学过程中通过合理的教学设计，以将时事政治、优秀事迹、历史文化或先进精神等内容融入课程教学为主要方式，帮助学生完成知识要素和情感要素的价值观内化过程。用当代学习理论的观点来说，学习是一个以"境脉"为核心的意义炼制活动，是学习者基于自身知识背景进行自我发问、与现实对话、与他人对话，以及自我表达的过程。[14] 课程思政教学同样如此，提高学生对价值意义的自觉内化是提高课程思政教学质量的核心前提。

学生对课程思政的接受度至少受到两个维度的影响。一是目标和内容维度，是教师教什么、学生学什么的问题，也就是教师希望通过课程思政实现哪方面的价值引领，并据此引入了哪些德育要素。二是形式和方法维度，是教师

怎么教、学生怎么学的问题，也就是教师采用何种教学方式和手段有机融合德育要素与知识点，引领学生内化预期的育德目标。如表3，在本研究中，把"学生认为最需要融入除思政课程外的其他课程教学中的首选要素"与"学生觉得在课程中融入思想政治教育的首选有效方式"进行交叉分析后，在统计上呈现出显著性差异（X^2=78.688，p=0.000<0.05）；可见在课程思政教学中，学生对不同德育要素的融入方式确实有不同偏好。课程资源是课程思政的必要基础，教学方式是联系教学的重要纽带，课程资源建设和教学方式选择都应以有利于学生对课程内容的学习、取得好的学习效果为原则。

（二）改进课程思政教学的建议

1. 营造舆论环境，多角度激发学生的学习动机

虽然激发学生的学习意向并不一定能提升学生对课程教学的满意度，但它是提升课程教

表3　德育要素与教学方式的交叉汇总表（%）

标题及选项		学生认为最需要融入除思政课程外的其他课程教学中的首选要素						
		A. 政治认同（如党的领导、科学理论、政治制度、发展道路）	B. 国家意识（如国家利益、国情观念、民族团结、国际视野）	C. 人文精神（如人文积淀、人文情怀、价值信仰、审美情趣）	D. 明德修养（如砥砺知行、厚德精技、感恩大爱、健全人格）	E. 科学精神（如严谨理性、精益求精、批判质疑、实证求真）	F. 实践创新（如崇尚实践、价值求技、遵从伦理、技术运用）	G. 企业文化（如企业责任、企业价值、企业精神、企业环境）
学生觉得在课程中融入思想政治教育的首选有效方式	A. 直接引入思想政治的相关知识及理论	82.0	15.8	17.1	8.3	15.4	0.0	0.0
	B. 结合课程内容增加相关案例	14.0	52.6	56.1	50.0	46.2	50.0	100.0
	C. 校外专家、优秀校友现身说法	4.0	21.1	14.6	16.7	30.8	25.0	0.0
	D. 开展具有思政教育意义的专业实践活动	0.0	10.5	12.2	25.0	7.7	25.0	0.0

卡方检验：X^2=78.688，p=0.000 < 0.05

学效果的第一步。一切动机对学生而言都具有一种情感价值，能够让学生表现出明确的学习和行动愿望。对课程思政教学而言，首要的一点就是要结合课程和学生的实际特点，制定出涵盖知识传授、能力培养和价值引领三个层面的教学目标体系，多角度激发学生的学习意向。从课程思政的实践来看，学生的逆反心理是逆向影响课程思政教学效果的一个重要因素，相当一部分学生认为课程思政教学会占用专业知识的传授时间。因此，在学校层面须基于校情，将提升学生对课程思政的认同度与正确的舆论引导相结合，系统考虑，常抓不懈，让学生真正明白课程思政本身就是达成人才培养计划目标、课程教学大纲基本要求的核心环节。同时，任课教师在课程伊始就应完整呈现本课程的教学目标，并在课程导论部分精心设计具有教师特点、课程（学科）特色的"课程思政"环节，在课程层面融合知识点与育人点，从而让学生全面、准确地认识该课程的知识、能力、价值观与情感等三方面的学习意义。

2. 重视教学实效，关注影响课程思政教学质量的关键环节

开展课程思政并不能直接决定"学生对课程的整体满意度"，"学生对课程思政教学的满意度"是一个最主要的中介变量。课程知识点与德育要素割裂的"两张皮"情况必然使学生对课程思政感到失望，从而降低对整门课程的满意度。因此，教师的育德意识和育德能力培养是课程思政教育教学改革的重点，加强教师培训也是深入推进课程思政体制机制建设方面必须着力的重点。在具体实施过程中，要加强对目标设置、元素挖掘、有机融合、目标达成等关键环节的教学设计和绩效考核；教学活动是一项非常个性化的创造性劳动，任何现成的课程思政教学资源和教学方式都要经过任课教师自己的消化和再创造，才能取得令人满意的效果。在效果评价方面，各门课程都应在课程结束时及时分析学生在思想、品德、行为等方面的积极变化是否达到了教学大纲对该课程预设的思政教育目标。[15]

3. 尊重学生需求，创设支撑学生中心地位的学习环境

课程思政的核心特征是在知识传授中强调价值观的同频共振，目的是将课堂主渠道的育人功能最大化，扭转专业课程重智轻德的现象。[16]因此，与以往的课堂相比，课程思政不仅要关注教师以什么方式最有效地传递信息并使信息为学生所理解，还要关注为学生提供何种给养以及如何提供这些给养，以帮助他们实现价值观意义的炼制和内化，这对教师从学生的实际需求出发创设支撑学生中心地位的学习环境提出了更高要求。本研究在调研中发现，学生对课程思政的实际关注点与教师预设的课程思政育人点之间的确存在差异，与教师所擅长的教学领域并不匹配。教师擅长的多是科学精神、实践创新与专业知识融合，而学生认为最重要的是将"人文精神"和"国家意识"融入授课内容。因此，把握学生的学习需求，提高教师专业知识之外的综合素养，提升教师基于目标、基于问题、基于项目创设结果开放的学习环境的能力，成为有效开展课程思政的重要工作。

（三）不足与改进

本研究尚有不少地方有待改进和细化。首先，结构方程模型问卷在标准化、通用性方面还可进一步规范，以提高研究可靠性与模型预测能力，便于移植到各类课程和学校；其次，本次研究限于一门课程，还需拓展至更多门课程，以验证路径的普适性，教学方式与课程资源的不同组合如何影响课程思政效果也值得继续实验比较；最后，影响课程思政教学认知度、接受度和满意度的因素还有待深入挖掘。

参考文献：

[1][16] 高德毅, 宗爱东. 从思政课程到课程思政: 从战略高度构建高校思想政治教育课程体系 [J]. 中国高等教育, 2017（1）: 43-46.

[2] Richard J. Shavelson. A Brief History of Student Learning Assessment: How We Got Where We Are and a Proposal for Where to Go Next[M]. Washington DC:

Association of American Colleges and Universities, 2007：1.

[3] 胡阳，石立莹，李梅．医学微生物学课程思政教学设计及评价方法 [J].医学教育研究与实践，2019（3）：476-479.

[4] 李国娟．课程思政建设必须牢牢把握五个关键环节 [J].中国高等教育，2017（Z3）：28-29.

[5] 彭亚萍，胡大柱，苟小泉，张小懿．土木工程概论课程思政教育改革与实践 [J].高教学刊，2019（2）：128-129，132.

[6][8] 冯惠敏，黄明东，左甜．大学通识教育教学质量评价体系及指标设计 [J].教育研究，2012（11）：61-67.

[7] 沈壮海，段立国．思想政治教育测评研究的回顾与展望 [J].思想教育研究，2014（9）：25-33.

[9] 李黎，孙洋洋．"课程思政"实施效果的初步检验 [J].绍兴文理学院学报（教育版），2019（1）：16-20.

[10] 刘隽，范国睿．高校"课程思政"改革背景下师生互动对于学生自我收获感与满意度的影响机理——基于结构方程模型的实证分析 [J].现代教育管理，2019（5）：117-123.

[11] 文静．大学生学习满意度：高等教育质量评判的原点 [J].教育研究，2015（1）：75-80.

[12] 方杰，温忠麟，张敏强，任皓．基于结构方程模型的多层中介效应分析 [J].心理科学进展，2014（3）：530-539.

[13] 崔允漷．有效教学 [M].上海：华东师范大学出版社，2015：87.

[14] 安德烈·焦尔当．学习的本质 [M].杭零，译．上海：华东师范大学出版社，2015：79-84.

[15] 成桂英，王继平．教师"课程思政"绩效考核的原则和关注点 [J].思想理论教育，2019（1）：79-83.

Study of Teaching Quality Assessment and Its Action Mechanism on "Ideological Integration in Tertiary Course Delivery" — Based on the Student Satisfaction of Learning

CAO Yang[1]　JIANG Chao[2]

（1. School of Ecology Technology & Engineering , Shanghai Institute of Technology , Shanghai 201418;

2. Dean's Office, Shanghai Institute of Technology , Shanghai 201418, China）

Abstract: Teaching quality assessment is a basic issue in the reform of "ideological integration in tertiary course delivery" (IITCD). It aims to evaluate the teaching effect of IITCD and the overall teaching quality of relative curriculum. The relationship between the teaching quality of IITCD and the overall teaching quality of curriculum after the reform was investigated on the basis of the learning satisfaction of students. Their degree of correlation and mechanism of action were explained to help deepen the reform of IITCD. The empirical analysis based on a sequential mediation model indicates that the students' recognition of IITCD has a positive impact on their overall satisfaction with curriculum. However, the impact can be only realized by mediation of the students' acceptance and satisfaction with IITCD. Therefore, the teaching quality of IITCD is an important factor that affects the overall teaching quality of curriculum. In practice, the teaching effect of IITCD can be effectively improved by creating a public opinion environment that activates the learning motivation of students, strengthening the key links that affect the teaching quality of IITCD, and establishing a teaching environment centering on students. In this way, IITCD is enabled to facilitate the construction of "Golden Courses" in China.

Key words: Ideological Integration in Tertiary Course Delivery, Teaching Quality Assessment, Student Satisfaction, "Golden Courses" Construction, Sequential Mediation Model

（责任编辑：周琛溢　谢娜）

浅谈思想政治教育话语的现实困境及转型的逻辑进路

陈明青

（华东师范大学第一附属中学 上海 200086）

[摘 要] 思想政治教育话语是在主流意识形态的支配下，在思想政治教育实践活动中，教育者和受教育者用来交往的以构建教育内容和教育主体间思想观念、价值取向和行为表征关联的言语符号系统。本文尝试以话语为切入点探讨思想政治教育的现实困境，从话语视角探求提升思想政治教育实效性的策略，为深入推进思想政治教育创新发展提供一些新视角、新观念和新思维。

[关键词] 思想政治教育 话语 转型

苏霍姆林斯基在《给教师的一百条建议》中说：你时刻也不能忘记你施加影响的重要手段是语言，你是通过语言去打动学生的理智与心灵的。思想政治教育是一种应用话语体现理论说服力的活动，话语的内容、方式以及话语背后蕴藏的理念都深深影响着思想政治教育目的的达成和教育效果的提升。重视思想政治教育，必然要关注话语在思想政治教育中的样态。

《辞海》中对"话语"的解释为"运用中的语言，其构造单位相当于句子或大于句子的言语作品"。《现代汉语大词典》中对"话语"的解释为"说的话；言语；语言学术语"。可以看出，话语表示说出的话和说话所运用的语言。本文重点探究教育领域的话语，特别是思想政治教育领域的话语。思想政治教育话语是在主流意识形态的支配下，在思想政治教育实践活动中，教育者和受教育者用来交往的以构建教育内容和教育主体间思想观念、价值取向和行为表征关联的言语符号系统。思想政治教育话语既是教育学领域话语形态的一种，也隶属马克思主义理论这个学科的话语形态，因此，思想政治教育话语同时具备教育属性和意识形态。今天，我们正处在一个伟大的变革时代，思想政治教育实践深入发展，思想政治教育话语该以何种样貌出现？本文尝试以话语为切入点探讨思想政治教育的现实困境，从话语视角探求提升思想政治教育实效性的策略，为深入推进思想政治教育创新发展提供一些新视角、新观念和新思维。在本文的语境中，又以基础教育阶段思政课教师的教学话语为现实案例。

作者简介：陈明青，华东师范大学第一附属中学教师，主要从事思想政治教育教学研究。

一、思想政治教育话语的现实困境

曾有思政学科教师这样抱怨："信息化社会环境中，用学科话语与学生对话变得越来越困难，尽管教师不断在言语，学生也好像在聆听，但真正的对话发生得不多。"有学者将这种现象称为"在思想政治教育领域，出现了集体失语状态"。为什么会出现这样的状态呢？话语最重要的功能是主体间关于意义的有效沟通，若出现话语主体交往不平等、话语内容脱离主体生活、主体间话语偏离预设等问题，都会影响思想政治教育话语的有效性，进而影响思想政治教育的有效性。思想政治教育话语的困境主要表现在以下三个方面。

（一）话语交往中的平等性缺陷

在话语交往中，教师和学生都会对对方产生一定的影响力，这就是言语蕴含的力量，但这种力量在思想政治教育领域并非"势均力敌"。意识形态教育是思想政治教育最重要、最稳定的属性。教育者肩负着传授知识、灌输主流意识形态、传达国家意志的重任，从这个角度上讲，思想政治教育场域中的教育者必然拥有较强势的话语权。这种话语权的一个表现就是课堂上充满着大量的强制性话语、未经转换的政治性话语、空泛的学科性话语。

再来看看思想政治教育场域中的受教育者，他们生活在一个物质丰富、文化多元、信息发达的环境中，对意识形态不熟悉，对政治性、学科性话语不熟悉，却拥有自己独特的话语体系，他们的话语根植于当下鲜活的生活，根植于他们对生活的体验、思考和表达。受教育者的话语是一种生活化和个性化的话语，话语内容关注时代和当下生活，关注自我彰显，话语方式呈现出多元化倾向。因此，思想政治教育场域中出现了两套话语——教育者话语和受教育者话语，两套话语地位不同，语境不一致，传递的内容和方式迥异，更为重要的是，两套话语融合重叠面较小。一旦教师的话语不能顺利进入学生的文化语境，思想政治教育就会遭到学生的排斥甚至抗拒，出现"教师抱怨学生对思想政治教育不感兴趣，课很难上；学生抱怨教师的教育缺乏新鲜内容和新鲜话语，课没有吸引力"的现象。

思想政治教育另一项重要任务是知识传授和文化传承，这决定了在教育场域中谁占有更多的知识和文化资本，谁就拥有更多的话语权。显然，话语权的优势依然在教育者这一方。长期以来，以知识为中心的教育模式让教育者的话语强势地位愈发凸显甚至异化，具体表现为：教师闻道在先，自然就成了"知识的发布者——话语的权威者"，学生则成了"知识的接受者——话语的无权威者"。作为权威者的教师，习惯于提问和祈使句语势；作为无权威者的学生，则习惯于应答、倾听权威者的谆谆教诲，理解权威者言语中的微言大义。我们发现，当复杂的思想政治教育活动被简化为知识的认知活动时，学生沦为教育活动的客体，逐渐失语并成为教育话语的依附者。

思想政治教育只有借助话语这个媒介，经由平等的互动与对话，教育双方才能相互理解、达成一致。由于国家、社会经由教育制度赋予思想政治教育的特殊功能，再加上教育场域中主体间知识占有量的差异和信息不对称，因此尽管教师与学生的话语在权利主体上具有同等重要性，但在权利方面仍难以实现真正的平等，这造成了师生间交往的隔阂。这样的困境引发教师思考：如何实现思想政治场域中话语权的合理分配与平衡，逐步消解交往中的不平等，谋求思想政治教育的有效性？

（二）话语内容中的生活性缺位

教育是人类社会发展到一定阶段才出现的。最初的教育是与人们的生产、生活过程融为一体的。制度化教育产生以后，教育从生活世界里剥离出来，独立起来，人们也逐渐将其作为社会的一种客体，并不断赋予和强化其工具性价值。思想政治教育亦是如此，当它与作为意义和价值的源泉的生活世界逐渐疏离时，思想政治教育逐步演变成了一个由概念、原理、符号组成的抽象的理论世界。这样的疏离不仅造成了教育者和受教育者之间的"话语断裂"，更糟糕的情况是，当受教育者感受到自己所接受的思想政治教育话语无法用来描述、表达、解释真实生活世界的信息、内容和方式时，他们就会对思想政治教育本身存在的合理性产生怀疑。

思想政治教育话语内容与生活世界疏离，还导致思想政治教育出现过度的理想主义倾向。过度的理想主义倾向表现为教育者把理想化的思想政治教育终点当作起点，把教育理想目标当作普遍的行为要求。比如，笔者在小学低年级听教师讲"好少年"的要求，教师反复强调好少年最重要的标准就是从小树立共产主义远大理想，当时整个课堂氛围是言之谆谆、听之藐藐。树立共产主义远大理想是思想政治理想信念教育的最终目标，但这一目标是多层次的，实现这一目标的路径也是循序渐进的，不能过于理想化和一元化。学生要想树立共产主义的远大理想，离不开确立正确的生活领域理想信念、职业领域理想信念和道德领域理想信念，离不开将理论知识和生活关切结合起来，在社会实践活动中历练，体悟理想信念的力量。由此可见，教育话语内容一旦远离生活世界，受教育者就会因教育内容的"不食人间烟火"而对思想政治教育本身的真理性产生怀疑。

思想政治教育话语要让人置于生活的世界去开展人与人的交往，并实现人在生活世界的现实成长和发展。这引发教师思考：如何让思想政治教育话语既有理论高度又有生活温度，既有方向目标又有现实境遇？换言之，如何让思想政治教育话语从工具性价值角色中抽离出来，迈向目的性价值的时代征程，这是思想政治教育话语面临的又一困境。

（三）话语预设中的适切性缺失

"预设"这一概念是德国哲学家和数学家高特罗伯·弗雷格提出的，他用"预设"来解释一些语义中的逻辑现象。他说，如果人们陈述某些东西，当然总要有个预设。有语言学家认为，预设实质上是一种心理认知过程，是言语交际双方对互相认知语境的一种假设。[1]话语主体要想成功地进行交流，参与者必须具有一系列的"共享假设"，否则话语主体间的理解是不可能实现的。举例来说，在教育实践中，教育者往往根据自己对受教育者的假定，将无须明言的信息以隐含的方式内嵌于话语之中，并以此作为信息传递背景，为输出新信息服务，这就是教育者所作的话语预设。受教育者一旦接收并认同预设信息，预设信息就成为教育者和受教育者的共同信息，此时话语交往就顺利发生了。

从话语预设的视角来审视思想政治教育话语，我们发现了以下两个问题。第一，偏颇的先在价值预设会影响教育的有效性。比如，教师视教学的本质为"知识的传授"，这一先在价值预设会使教育偏离应有的目标。笔者曾听一位教师讲授"我国新发展理念"，课堂上教师组织学生进行研究型学习，诸如查找我国近几年经济发展数据、采访身边人对美好生活的向往、案例展示目前我国不平衡不充分发展的现状等，课堂活动可谓丰富多彩。课的最后，教师进行总结，将这节课的落脚点放在了"帮助学生理解我国五大发展理念的内涵"这一知识目标上。显然，教师先在地将知识作为教学最终目标的预设，使课堂上的各种学习活动流于形式、变得低效。第二，不作话语预设或话语预设偏离也会影响教育的有效性。比如教师不了解学情或主观臆测学情，这种情况使教学不再是基于师生理解的"多数人普遍同意"，而是诉诸权威、强制开展教学，导致教学实效性低下。

对思想政治教育而言，话语理解就是受教育者和教育者双方按照对方期望的意义去理解的过程。但教师和学生有着各自不同的知识结构、文化背景、人生阅历，这些差异使师生双方不一定能按照对方期望的意义去理解话语。这引发教师思考：如何适切地进行主体间的话语预设，在师生平等交往中积累和矫正话语预设的方向、内容和形式，以提升话语理解的实际效果及思想政治教育的有效性？

二、思想政治教育话语转型的逻辑进路

思想政治教育话语困境催生思想政治教育话语转型，面对时代变迁视域下关于思想政治教育有效性的追问，其转型的逻辑进路可从以下三个角度呈现。

（一）从工具性价值到目的性价值的话语理念共生

价值是一个关系范畴，指具有特定属性的客体对于主体需要的意义。思想政治教育价值属于关系范畴，从目的和手段的角度，可以将其分为工具性价值和目的性价值两种形态。"思想政治教育的工具性（手段）价值，是指从思想政治教育实践性和阶级性出发，把社会作为价值主体，通过对社会成员进行意识形态的灌输以达到满足阶级统治和社会管理的需要。思想政治教育的目的性价值则把个体作为价值主体，社会作为价值客体，立足于个体精神需要、满足个性自由全面发展和人的意义世界的构建等方面。"[2]两者相互统一，任何一方的缺失都会偏离思想政治教育的价值。但在很长一段时间内，思想政治教育的工具性价值被过度放大，思想政治教育话语的工具性也日益凸显，表现为话语的政治化、强制化和简单化，难以与时代、社会的发展相伴相随，难以满足受教育者个体的生命需求与体验，影响了思想政治教育话语的信度与效度。

思想政治教育话语的目的性价值关注思想政治教育对人的发展的作用，强调以现实的个人为教育话语的逻辑起点，关注教育场域中现实的人和现实的生活，致力于扩大教育者和受教育者的"共识域"，使思想政治教育话语因融合学生与学生的生活世界有了更多的"意义"；强调以主体的个人为教育话语的价值对象，鼓励受教育者通过自己的积极活动，能动地选择和接受教育的影响，同时进行自我教育，实现自我发展；强调以满足人的需要为教育话语的人文品位，积极采用"反映出浓郁的生活气息，鲜明地表达出人们的社会生活需要与价值关切，注重社会成员的民生需求，增加其人文精神与社会关怀"[3]的话语。比如：教师讲授我国的产业政策及其调整时，不忘指导学生思考自身如何择业、就业和创业；教师讲授价值观时，不忘引导学生思考怎样的人生有价值及如何实现人生价值；教师讲授公民有序参与政治时，不忘鼓励学生积极参与社区居民自治等。这些都是教师对目的性价值关注的表现。

理念的转变是思想政治教育话语转型的灵魂。将思想政治教育话语的工具性价值与目的性价值统合起来，是对思想政治教育价值的深层次考量。在新时代的背景下，确立思想政治教育话语的价值基础既要重视社会的需要，也要重视作为"发展中的人的需要"，从个人与社会的相互促进和协调发展的视角来寻求转型发展。

（二）从单向权威式到引领交往式的话语方式转换

无论是说话者还是听话者都是通过相应的话语方式来传递和接受语言信息的。在思想政治教育场域中，话语方式不仅意味着主体的言说方式，还透露出话语主体的地位关系和存在状态。如前所述，教育者在思想政治教育场域中拥有的话语权是从国家制度和社会文化中获取的，作为一种制度性话语权，具有一定的强势性。但教育者不能因此而忽略受教育者的话语权。笔者认为，受教育者的话语权至少表现在两个方面：其一，受教育者有自由发表自己观点的权利，无论观点有多幼稚、多微不足道、多异想天开；其二，受教育者有参与教育者和其他受教育者讨论的权利，无论课时有多紧张，时间有多有限，讨论效率和质量有多不尽如人意。尊重和维护受教育者的话语权是教育者的责任和义务。受教育者是教育场域中的大多数，只有让长期沉默的大多数变成言说的大多数，并且不是为了迎合教育者而说，而是为了自己的发展而说，自由、平等、民主、和谐的师生话语交往才会显现。

受教育者话语权的获得和实现，从某种意义上讲，是对教育者单项权威式话语方式的一种消解，但这并不意味着教育者在思想政治教育场域中引领者地位的丧失，而是一种重新建构。师生

对话交往中教师地位的重新建构，关键在于教师和学生之间的相互理解以及在理解基础上的认同。哈贝马斯指出："认同归于相互理解、共享知识、彼此信任、两相符合的主观际相互依存。认同以对可领会性、真实性、真诚性、正确性这些相应的有效性要求的认可为基础。"[4]

哈贝马斯从言语有效性的角度提出了教师地位重新建构的要求。其一，师生之间话语的可领会性，即双方说出可理解的东西以便对方理解。这启发教师思考：如何将思想政治教育话语从"本本主义"的文本话语中解放出来，让理论话语更加接地气，用通俗易懂的大众话语表达深邃思想，用生动鲜活的现实案例阐释深刻道理，不断增强理论的说服力、亲和力和感召力？其二，师生之间话语的真实性，即双方通过真实的陈述以便对方共享知识。这启发教师思考：如何让经过甄别筛选建构的思想政治教育话语与现实生活保持一致，如何在不遮蔽现实生活的本真的情况下为学生讲好理论知识？比如，讲我国制度的优越性时，教师既要摆事实讲中国特色社会主义制度具有明显优势的道理，也要摆事实讲新的历史时期制度进一步完善所面临的种种问题。唯有将社会的真实情况还原给学生，教学生以发展的观点认识问题的思想方法，增加理论与现实生活世界之间的张力，才能让理论真实可信。其三，师生之间话语的真诚性，即双方真诚地表达自己的意向以便被对方信任和理解。这启发教师思考：如何在师生之间建立真诚沟通的交往规范，建立适合互动对话的人际关系？思想政治教育场域中，师生之间、生生之间存在源自各自人生阅历、生活背景、思维方式的共同性和差异性。教师在话语上的真诚性表现为：努力寻找、理解和包容差异性，致力于研究这种差异并将其转化为宝贵的教育资源，以便构建基于"协商的共识"的和谐人际关系。举例来说，很多教师上课之前，都会通过课前导学、师生谈话、问卷调查等方式了解学情，使自己的教学设计充分契合学生的认知起点，这就是师生之间真诚对话的表现。其四，师生之间话语的正确性，即双方说出正确的话语以

便得到对方的认同。这启发教师思考：如何持续更新自己的知识结构，以保证自身始终能说出"正确的话"？面对新形势、新挑战，教师要思考如何立足马克思主义基本观点、立场和方法，依托马克思主义中国化的最新成果，正确分析当今社会政治、经济、文化、道德问题；如何结合当代中国特色社会主义的伟大实践，将政治、经济、文化、社会、网络等领域的话语资源融入思想政治教育话语体系，讲出学生能够接受的正确的话。总的来说，思想政治教育场域中教师地位的重构，取决于教师是否能够构建马克思主义中国化语境下的思想政治教育话语的叙事水平，是否能够构建立足马克思主义经典理论又具有时代价值和符合当代需要的思想政治教育新话语，而这些需要教师付出比以往更多的努力。

还要指出的是，思想政治教育的理论性特点决定了以理服人是其固有的话语方式。但以理服人不是单一地以逻辑、推理、实证等理论论证的方式服人，还包括以情服人。思想政治教育说到底是一个受教育者"思想接受"的问题，它往往与愿意、认同、相信等包含情感的元素联系在一起，没有学生情感的共鸣不可能有理性的接受。这就要求思想政治教育的话语方式要充满人性价值和人文关怀，充分契合思想政治教育的目的性价值和人德行发展的客观规律。笔者曾听过一位教师在课堂上讲中国共产党的先进性，当讲到党员先进性的时候，他饱含深情地讲述了身边党员的几个小故事，整节课没有"无私奉献""高风亮节""大公无私"等词语，只是把一个又一个故事娓娓道来，却让学生深切感受到了普通党员的人格魅力和品质力量，体悟到了党员先进性的内涵和价值。

（三）从理论文本到生活实践的话语内容创新

思想政治教育话语内容是由思想政治教育的内容决定的，体现着思想政治教育的目的和任务，是连接思想政治教育者和受教育者的纽带。

从本体论的视角审视思想政治教育话语内容创新，一个重要的问题就是将以学科教材为基

础的理论文本话语转换为贴近学生鲜活、生动生活的话语。具体而言，从话语内容的主题来看，主题不应选自教材中抽象的大道理或者种种脱离现实生活基础的带有理想化色彩的规训和教条，而应该从学生在现实生活中的种种遭遇和思想困惑出发，围绕学生关心的热点、焦点来选择。比如，教师讲"一国两制"时结合对香港问题的探究，讲"对外开放"结合对中美关系的探究，讲"一带一路"时结合对"马歇尔计划"的探究等，这些都是学生关注的时政话题，不仅能引发学生学习的兴趣，也能帮助学生树立正确分析时政问题的方法和正确的价值观念。从话语内容的组织来看，内容安排不应从知识的逻辑出发，而应按照生活的逻辑来组织。人的生活是随着其年龄的增长和实践活动范围的不断扩大而逐渐复杂、深化的，因此，话语内容的安排要尽量与生活同步，不能背道而驰。比如，在爱国主义教育方面，小学阶段的话语应重在启蒙道德情感，引导学生形成爱党、爱国、爱社会主义、爱人民、爱集体的情感，具有做社会主义建设者和接班人的美好愿望。初中阶段的话语重在打牢思想基础，引导学生把党、祖国、人民装在心中，强化做社会主义建设者和接班人的思想意识。高中阶段的话语重在提升政治素养，引导学生衷心拥护党的领导和我国社会主义制度，形成做社会主义建设者和接班人的政治认同。大学阶段的话语重在增强使命担当，引导学生矢志不渝地听党话、跟党走，争做社会主义合格建设者和可靠接班人。同时，话语内容的生活化转换还要与时俱进，在当今网络时代，理论话语表达中若适当加入一些网络话语、流行话语，更容易引发学生的情感共鸣，拉近理论与生活的距离。比如，教师在讲中国共产党先进性的时候，设置了"被称为'史上最牛创业团队'，中国共产党有啥'创业'秘籍？"的议题讨论，不仅吸引了学生的眼球，还调动了他们的探究热情。

从系统论的角度审视思想政治教育话语内容创新，话语内容还表现为一种结构关系，即内容构成要素间的稳定联系及其作用方式，具体表现为内容组织形式、排列顺序、结合方式等。本着人的全面发展的价值理念，思想政治教育话语内容结构要从偏重政治意识形态向政治、经济、哲学、法治、文化以及个人其他生活领域并重转型，从偏重政治类议题向公共需求与个人需求并重转型，从偏重政策理论的学习向人的精神世界、人格培养、心理健康教育、创新精神教育、劳动教育、生态教育、生命教育、国际意识教育并重转型，从而在文本理论和生活世界之间建立起全面广泛的联系，拓宽思想政治教育话语语境。此外，思想政治教育话语内容结构创新还包括大中小学教育话语循序渐进、螺旋上升的课题，思政课话语与其他德育课程以及德育活动同向同行、同频共振的课题等。

在 2019 年 3 月 18 日召开的学校思想政治理论课教师座谈会上，习近平总书记指出："推动思想政治理论课改革创新，要不断增强思政课的思想性、理论性和亲和力、针对性。"话语是思想政治教育生态系统的重要因子，其质量状况影响着思想政治教育的实效性和针对性。思想政治教育话语要始终遵循促进人的全面发展的话语理念，以提升话语的"高度"；要重塑师生平等对话交往的话语场域生态，以提升话语的"力度"；要建构人通过语言实现生命成长的教育生活图景，以提升话语的"温度"。

参考文献：

[1] 陈意德. 预设与话语理解 [J]. 求索, 2005（10）: 190-191.

[2] 曾永平. 现代思想政治教育工具性价值与目的性价值的辩证思考 [J]. 思想政治教育研究, 2010（3）: 31-33.

[3] 孙其昂. 思想政治教育现代转型研究 [M]. 北京: 学习出版社, 2015.

[4] 哈贝马斯. 交往与社会进化 [M]. 张博树, 译. 重庆: 重庆出版社, 1989: 3.

（下转 79 页）

[编者按]教师的学习如何发生？教师针对自己工作中的具体问题，从真实的学习体验出发，与教师同行和外来专家共同建构知识是教师的专业学习。本辑"行动研究"专题展示了一种教师专业学习的形式——顿悟式学习，陈向明教授以工作坊形式与教师共同开展叙事研究。专题以研究者的机制阐释和实践者的案例研究、专业反思共同展示出教师顿悟式学习的发生，旨在探索高质量研修中学者与教师的身份和思考。

教师的顿悟式学习是如何发生的

陈向明

（北京大学教育学院　北京　100871）

[摘　要]　本文首先介绍了教师顿悟式学习的特征：需要面临一个"顽症"，经历长时期的问题解决挣扎过程，适时遇到恰当的外界点拨，转化自己知觉结构中的缺口或缺陷，完成价值观和信念的图式重组。让这种学习发生的条件包括：教师积累了足够多的教育教学经验和待解决的问题，指导者实施的是存在主义意义上的弱教学，创设一个开放、安全、平等交流的氛围，学习内容具有使教师反思和改变心智模式的潜能。此后，讨论了教师顿悟式学习的意义：不仅让教师在公共平台发声，而且创造了一种不同于主流的知识形态，以及一种为教师赋权增能的社会实践。最后，呼吁更多理论工作者进入学校和课堂，与教师深度交流和对话；同时鼓励更多一线教师参与变革，为多样化的学习（特别是顿悟式学习）创造更多空间。

[关键词]　顿悟式学习　叙事行动研究　弱教学　教师专业成长　工作坊

过去的一年注定会成为我人生中极其难忘的一年。虽然与这个地球上70多亿人一样，时刻感受到新冠病毒这个"非人行动者"[①]所带来的巨大威胁，但与五位年轻教员共同指导

基金项目：本文系北京大学基础教育研究中心于越教育发展基金2020年度教育研究重点课题"教师跨界学习机制研究"（课题编号：JCJYYJ201901）的阶段性成果。

作者简介：陈向明，北京大学教育学院教授、华东师范大学上海终身教育研究院特聘研究员，主要从事教师教育、质性方法研究。

致谢：感谢北京教育科学研究院德育研究中心主任谢春风研究员和工作坊总负责人王富伟副研究员为我提供参与工作坊的机会。感谢与我一起指导叙事行动研究工作坊的欧群慧、任敬华、卢杨、安超、王青，你们和所有学员的倾情投入让我感觉自己的学术生命得到了延续。感谢《上海教师》编辑部独具慧眼，支持发表一线教师的作品。感谢宁彦锋、杨帆、方明军、陈向一、赵康、王艳玲、王富伟提出的修改建议。

① 根据法国社会学家拉图尔的行动者网络理论，促成社会变化的不仅有作为人的行动者，也有"非人行动者"（non-human actor），彼此共同构成相互依存的网络世界。（见[法]布鲁诺·拉图尔.科学在行动：怎样在社会中跟随科学家和工程师[M].刘文旋，郑开，译.北京：东方出版社，2005.）

30 多位一线教师做叙事行动研究的经历，几乎让我忘却了疫情所带来的惊恐和孤单。从 2019 年秋季到 2020 年夏季，在北京教育科学研究院德育研究中心组织的工作坊中①，我们定期见面或网上交流，课下每位教员负责一个小组，深度介入学员的学习过程，培育了一个激动人心的学习共同体。②

之所以说这个学习共同体"激动人心"，是因为这次学习经历让我们倍感兴奋，创生了一系列令人难忘的"教育事件"[1]，激发了很多被遮蔽的成长潜能，生成了一些意想不到的学习效果。其中最让我们惊喜的是，与惯常的渐进式学习（从零开始、自易到难、逐步深入）不同，很多教师发生了顿悟式学习。他们在前面大半年似乎都在黑暗中摸索，不知自己身在何处，也不知路在何方。大多数人写的文本要么只有故事，反思很少；要么只有反思，故事很少；要么故事干巴无味，或过于铺陈；要么归因过于向外，或过于向内，非此即彼；要么流于坊间的"好人好事"，只介绍问题和结果，不涉及探究过程。然而，在一年的工作坊快结束时，他们中的一些人好像突然"开悟"了，一夜之间就交出了与之前完全不同的、令教员们出乎意料的叙事文本。

一、何谓"顿悟式学习"

根据格式塔心理学的定义，"顿悟式学习"是指通过重新组织知觉环境并领悟其中关系而发生的学习。人的知觉经验随生活环境的变化，结构会出现某些"缺口""缺陷"，这时脑的活动便有一种渡过"缺口"、弥补"缺陷"、完结"图形"的再组织倾向。格式塔心理学认为，学习不是（如行为主义所认为的那样）对个别刺激作个别反应，很少有反复试错的成分。顿悟通常突然出现，而一旦出现，便能保持并迁移到类似情境。这种不断组织、再组织，不断出现一个又一个完形的过程，被认为是顿悟式学习。

学术界如此定义这个概念。而我们这次目睹的教师顿悟式学习，似乎呈现出更多具体的阶段性特征（如图 1 所示）。③

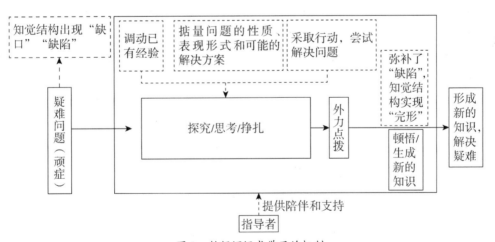

图 1 教师顿悟式学习的机制

---

① 本工作坊开设了三个班：叙事探究、案例研究、调查研究。时间为期一年，每三周集中学习一整天；平时学员读文献，写反思笔记，收集和分析资料，撰写研究报告；同时有各种集体活动，如学员小组讨论、研磨文本、教师集体备课和入组集体帮扶等。我是叙事探究工作坊的指导教师之一。

② 我们针对一线教师更加关心问题解决的特点，将叙事探究改造成了叙事行动研究，即不仅要写出一个叙事文本，而且需要在工作中进一步收集和分析资料，进行行动干预并评估行动效果，同时将自己的感悟写入叙事中。如此设计的意图是：通过写作和行动的双向互动，促进教师反思性心智的提升。

③ 由于我们的研究刚刚开始，这只是一个粗略的总结，更为细致、深入的研究还有待开展。

第一，教师必须面临一个"顽症"，即反复发生、总是无法解决的难题，自己百思不得其解，百行不得其效。此时，教师才会质疑自己习以为常的做法，挑战自己日用而不知的教育信念。在本次叙事行动研究工作坊中，每位学员都选择了一个自己日常工作中遭遇的"麻烦"作为探究的起点和焦点。这个"麻烦"不仅难以解决，而且与他们自己的认知之间有明显冲突（出乎意料）。例如，在本辑刊登的陈铁苹老师的叙事中，她选择的"麻烦"是：自己作为一名有31年教龄的市级优秀班主任，花费了长达五年多的时间，竟无法掌控一名调皮捣蛋的小学生。如果沿用上述学术定义，此时陈老师的知觉结构中出现了某些"缺口"和"缺陷"。[①] 这个"缺口"或"缺陷"是她的一个锚定点和着力点，限定了她叙事探究的焦点范围。

第二，教师必须愿意并有机会在探究这个"麻烦"的过程中，让自己沉浸在思考这个焦点的过程中，长时期处于一种"欲罢而不能"的挣扎状态。一开始指导者不能直接告诉教师相关理论，因为此时教师难以真正理解这些理论；即使在字面上理解了，也不知道如何运用于自己具体的问题解决。有时指导者自己也不知道解决方案；或者即使知道，也明白目前不是点出的最佳时机（因为只是"知道"没有用）。指导者需要放掉自己希望迅速改变对方的意图，设法创设让教师体验这类挣扎的经验。

这种经验对教师之所以宝贵，是因为此时他们正在调动自己所累积的资料库(repertoire)，反复掂量自己所遭遇"麻烦"的性质、表现形式和可能的解决方案，并采取行动尝试解决问题。更为重要的，这种专业人员所特有的"行动中反映"[2]的过程，能够让各种之前他们自己也无法意识到的"缺口"和"缺陷"打开，进入判断、决策和行动的选项之中。沿用陈铁苹老师的例子，她就经历了大半年的反复琢磨，尝试各种妙招，掂量各种解释，希望能够降服这个令自己头疼的顽皮小孩。

虽然此阶段指导者不直接给教师支招，但也不是完全袖手旁观。指导者通常比学员多掌握一些道理、方法和技巧，但很多时候他们也不知道这个具体困境的答案，也在与学员一起挣扎。不过，他们相信这个不断挣扎、不断积累经验的过程是重要的，不要急于寻找结果。此时，指导者的关心、陪伴和支持对教师非常重要。这就好比一个在水中学游泳的新手，无论怎样在水中扑腾，却时刻都能感觉到教练在上面密切注视着自己，不会有生命危险。

第三，当教师终于到达"愤悱"的临界点时，即无论如何也解决不了这个"麻烦"，但又感觉自己似乎即将"喷薄而出"时，突然获得了一个意想不到的外力的点拨。这可以是指导者提供的一个理论（如双环学习[3]）、教师读书时看到的一个观点（如"当孩子犯错时，给他一个理由"[4]）、讨论时小组成员提出的一个不同观点（如"你认为不正常的孩子其实很正常啊！"），甚至是上课时学生的一个眼神（如"那双圆圆的眼睛从此成为我驾驶教育工作之帆的灯塔"）。这个点拨重新组织了教师的知觉环境，给教师领悟其中的关系提供了一个契机。

在陈铁苹老师的例子中，最为关键的点拨来自一位教员在后期小组集体帮扶时说的一个词"紧箍咒"，以及随后教员们围绕这个词对陈老师所处困境所提供的多重解释和深度分析。顿时，陈老师意识到，自己之所以五年来一直受到这个顽皮小孩的困扰，是因为自己始终难以跳出"优秀老班"的自我设限，认为自己必须成功地掌控每一个孩子——现在看来只有自我松绑，才能脱去自己坚硬的外壳，看懂孩子内心真正的成长需要。

第四，在与外部点拨交汇时，教师自己多年积累的丰富经验和日常练就的生动表达，终于找到了一个出口，好似经过化学反应，生成了一种

---

① 由于篇幅有限，本文主要举陈铁苹老师的例子说明相关观点。这并不表示本辑刊登的其他老师的例子没有类似现象。

新的知识形态。很多教师使用如下词语描述这个奇妙的、始料不及的灵魂转向[5]："简直就像点石成金，以前认为不重要的事情突然变得重要了"；"一下子全打通了，如点穴般一通百通"；"突然照亮了我30多年的教学经验，心里一下子就敞亮了"。其实，每一位教师都有一座金矿，之前只是没有找到开采的诀窍而已。对教师们来说，这是一个重新框定问题、重组经验、重新赋予意义的过程。教师在对焦点问题孜孜不倦探究的过程中，遭遇外界力量的冲击（有如禅师的当头棒喝、禅机、公案），将潜意识里的冲突意识化，上升到意识层面。他们的大脑终于渡过了"缺口"，弥补了"缺陷"，完成了"图形"的再组织。

在陈铁苹老师的叙事中，由于意识到自己身上套着一个自我设定的"紧箍"，她开始反思自己的成长经历，并对顽皮学生个体发展所涉及的社会环境进行了系统分析。此时，她不再认为学生有问题，原因主要在家庭，也不再认为"这都是我的错"，而是看到了造成问题的社会—文化结构要素及其复杂的网络关系。她获得了更多跳出问题看问题的空间，而不是"对着问题解决问题"。"麻烦"从自己身上剥离开了，她也就不再感觉那么内疚和不安了，进而获得了更多的自尊、自信和行动判断力。

虽然对学员来说，最终的顿悟只可能是自悟，但顿悟不等于顿悟式学习。学习不仅仅发生在顿悟那一刻，而是一个长程的变化，顿悟只是此次学习中的一个爆破点。没有发生顿悟时，教师也已处在顿悟式学习的某个阶段。当陈铁苹老师开始掂量各种解释，尝试"十八般武艺"时，其顿悟式学习已经开始：在旧的图式下不断探索和检验，证明这个"缺口"（"教师需要完全掌控学生"）真的是一个系统性缺口，而不是简单的知识缺陷，从而导致系统性改变的需求从"或然"走向"必然"。而启动她的顿悟式学习的契机，来自指导教师这一外界力量的冲击。因此，从这个意义上看，本文所讨论的顿悟式学习不可能完全由学员自己完成，而是共同体成员相互依赖、交互对话、即兴生成的结果。

二、教师的顿悟式学习需要什么条件

很显然，这样的顿悟式学习并不会经常发生，而且具有很大的偶然性，天时地利人和缺一不可。那么，如果我们希望它发生，需要什么条件呢？

第一，教师需要积累足够的教育教学经验和待解决的问题，并能克服丰富经验所带来的麻木，将习以为常的东西陌生化。与我们在高校培养研究生不同，绝大多数研究生都不会发生此类顿悟式学习，因为他们没有教育教学经验，也没有需要急迫解决的现实问题，只会随着导师的指引循序渐进地习得学术八股。而一线教师大都积累了丰富的个人经验，而且为了解决问题，具有渡过"缺口"、弥补"缺陷"、完结"图形"的再组织倾向。此次来参加工作坊的教师大都是学校的骨干，工作年限都在六年以上，而且都有较强的学习动机，希望借助工作坊解决自己工作中的一些问题，因此愿意挑战自己的日常惯习。

第二，指导者实施的是存在主义意义上的弱教学，即直面不确定性和不可预见性，与他者分担回应与责任；[6]而不是形而上学意义上的"强教学"，即按照预设的目标和轨迹将学员按部就班地带到目的地。指导者在陪伴学员挣扎的同时，会提供一些学员还"没有遇到"或"不方便遇到"的理论和方法，但并非将其强加于学员，而是设法让它们与学员相遇。这种相遇是一种对话、一种"事件"，因而也具有未达到解决问题的风险。然而，如果最终某一时刻学员有所顿悟，这也是学员赋予指导者以"（教师）权威"的时刻，而不是一开始指导者就以权威的身份对学员施加影响。

由于相信学习必须由学习者自己发动，我们努力创设一个充满悬念、互动和生成的课堂。教学主要采取归纳法，从呈现典型困境的案例入手，启发学员个体或集体调动已有经验，提出发现问题和解决问题的多样思路。在这个过程中，教员们不断提问、深究、质疑，有意引发所有人（包括教员自己）意识上的冲突，甚至公开辩论。只有当思维盲点暴露出来，学员自己的妙招也分享完毕，教员才会介绍相关理论，并与学员的经验展开对话。学界的理论只是作为一种参考，教员的观点也不是最后定论。在这个公开探究和对话的过程中，师生共同身体力行地示范了问题黑箱是如何被打开的，思维进阶是如何发生的。

第三，弱教学需要创设一个开放、民主、平等交流的学习氛围，让学员知觉结构中的"缺口"和"缺陷"浮现出来，推动思维图式的重组和再造。学员们首次相遇时，通常会有一些防御和顾虑，特别是叙事探究难免涉及个人隐私。身为权力上位的指导者需要带头去权威化，有意祖露自己无知和软弱的一面。例如，教员会告诉学员，学校场域中发生的事情，我们并不熟悉，你们是专家；请告诉我们现场到底发生了什么事情，为什么这个事情很重要，你们自己如何解释这个事情。班内各类人群的情感交流也很重要。当教员全身心投入时，当学员之间建立起信任和支持的关系时，学员会更容易祖露心怀。教学中经常穿插的热身活动，让所有人打开心防，以激发尚未被开发的学习潜能，让无意识中的各种暗流浮出水面。

弱教学还需要大家都敢于冒险，在公众面前剖析自己的内心。如果学员有畏惧心理，则可能只生产"伪装故事"（cover story），用一些不痛不痒的情节应付差事，不暴露自己的"神秘故事"（secret story）和内心坚信的"神圣故事"（sacred story）。[7] 而如果学员之前写过很多好人好事型教育叙事，并成功地在刊物上发表并得奖，在本次工作坊中则很难发生顿悟式学习。这是因为，如果要学习一种新的、发自内心的、真诚的表述风格，必须先"去学习化"（unlearn）之前习得的僵化模式或浮夸之风。而这些教师往往过于习惯之前的套路，（像上述畏惧型教师一样）无法让自己知觉结构中的"缺口"和"缺陷"浮出水面，更遑论挑战自己已经身体化的惯

习，实现新的思维图式的转化。

第四，教师学习的内容也很重要，需要具有探索和改造心智模式的空间和潜能。本次刊登的三篇文章均是教师叙事，而叙事探究要求教师不断向内探索，在深入分析社会—文化结构要素的同时，还需要回溯自己的生命史，了解关键事件和人物对自己心智模式形成的影响。叙事探究的自传性、关系性、情境性和价值性等特征，较容易激发学习者的智识和情感投入，并引发与他者深入的心灵沟通。本工作坊将叙事探究改造为叙事行动研究，也为教师心智模式的反思和转变提供了更多机会。教师在行动干预中更容易了解自己内心的防御和恐惧，因此也就更有可能来处理这些顿悟式学习不得不跨越的"缺口"和"缺陷"。

三、教师的顿悟式学习有什么意义

我国的教育研究长期存在理论与实践相脱离的痼疾。很多研究者有自己一套似是而非、自成体系、悬在经验事实和高深学问之间的理论，上不着天，下不着地，既无法产生新颖的洞见，又难以解释复杂、变动的教育教学实践。也许是厌倦了这类纯思辨研究，同时也为了与国际接轨，近年来学术界画风突转，轰轰烈烈地开展起实证研究运动。尽管质性研究也被归入实证研究的范畴①——这显然会为多样化研究范式的并存提供契机——但学界对科学主义的过分追求，很有可能会在程序正确的技术幌子之下，进一步遮蔽一线教师丰富、生动的教育经验和教学智慧。

我国的中小幼教师虽然有丰富的教育教学经验和生动的言语表达，但长期处于失语状态。以往的教师培训大都是短期的专家讲座（获得模式）或同水平的校本研修（参与模式），缺乏本工作坊所追求的长程、参与式、相倚型的弱教学（拓展模式）[8]。部分因为职后学习效果不

---

① 从研究的形态上看，质性研究和定量研究都属于"实证研究"（或经验研究 empirical research），"实证主义"（positivism）是一种哲学流派。

佳，目前大部分教师研究或模仿学术话语，往往导致邯郸学步的后果；或效仿行政宣传话语，常常落入鹦鹉学舌、千人一面的境地。教师作为一个群体，似乎没有自己的语言；或虽然有，也无法在学术台面上发声。而本次工作坊的发现提示我们，教师在顿悟式学习状态下写成的故事特别有魅力：通俗易懂的语言，似曾相识的事件，震撼心灵的主题，跌宕起伏的共鸣。虽然这些文章没有像学术论文那样，提供专门的文献述评，也没有对故事进行抽象的理论探讨，但嵌入情境中的生动描述和多重解释，更容易让我们看到教师作为专业人员的思维和行动特质。

在顿悟式学习状态下生成的教师叙事，不仅有利于教师让自己的话语被公众听到，而且同时在创生一种不同的知识形态。以往知识被分成三个等级，最高级的是基础知识，其次是应用学科，最低的是实践，处于知识流水线的消费末端，不创造任何知识。[9]而教师们完成的叙事让我们看到，在条件齐备的情况下，教师有可能创生一种新的知识形态。他们将自己"实践中的知识"(knowledge in practice)与指导者提供的"为了实践的知识"(knowledge for practice)巧妙结合，形成了能够应对自己现实困惑的"实践性知识"(knowledge of practice)。[10]在陈铁苹老师的叙事中，她将自己反复尝试所获得的对顽皮学生的理解，结合布朗芬布伦纳的生态系统理论，将学生个体发展放到小环境、中环境、外环境和大环境中进行分析，最终形成了"优秀'老班'的自我松绑"这一实践性知识。她意识到，在"尊重学生个性差异、了解学生内心需求"的

同时，还要"学会给自己松绑，做能放飞心灵的普通人"。

教师叙事不仅表达了一种另类话语、一种不同的知识形态，而且在创生一种新的社会实践。目前，我国的中小幼教师身处素质教育和应试教育难以兼容的两难困境之中，很多人产生了倦怠和无意义感。本次工作坊学员们讲述的问题都是一些"顽症"，不可能在一年的研究过程中真正解决。然而，由于他们获得了跳出自身看自身的心理空间，现在能够以开悟后的第三只眼看到问题的复杂性。事情仍旧还是那个事情，孩子还是那个调皮的孩子，但教师自己的视角变了，一切也就都变了。通过讲述所遭遇的"麻烦"以及所采取的行动，教师获得了更多框定问题和解释问题的能动性。这样一种新的社会实践，无疑能为教师的专业发展和个人成长赋权增能。

因此，我们呼唤更多有志于教育变革的理论工作者进入学校和课堂，与教师一起交流、对话，生成新的话语、知识和社会实践。同时也期待一线教师更主动地参与变革，为多样化的学习（特别是顿悟式学习）创造更多空间。

四、尾声

最后，我想分享一个今天早上收到的微信，作为本文的另类结尾。微信来自一位工作坊学员——冯老师，我发现她的描述生动地再现了我上面试图说明的一切："何谓顿悟式学习？顿悟式学习需要什么条件？这样的学习有什么意义？"为了方便读者理解，我将她的来信和我的解释附于文后（见表1）。

表1 冯老师来信与我的解释

来信原文	我的解释
今天早晨醒来看到向明老师昨天晚上11点多发的中期报告，	即上述嵌入工作坊的研究课题，冯老师也加入了研究团队。
决定必须报一个我自己真正想研究的子课题，	这里浮现了冯老师知觉结构中的一个"缺陷"，并预示了她重组思维图式的趋向性：之前一直按照上级布置的题目做研究，这次一定要做自己真正想研究的内容。

（续表）

来信原文	我的解释
就想到了这段时间一直比较关注的"涟漪效应"。	作为一名中学的年级组长，冯老师一直将在工作坊所学到的东西带到自己的工作中，产生了很好的推广作用。
关于题目的诞生，首先是阅读了第七次课后反思，	工作坊要求学员每次课后都写反思笔记。
还想到了我们论文集的题目《化茧成蝶：教师在跨界学习中的专业成长》，	这是工作坊结束后计划出版的一个文集。冯老师此时的思路是类推，借助文集的题目提炼自己子课题的名称。
然后苦苦搜索一个四字动宾短语，脑子中不断蹦现，不断毙掉。	这是教师"熟虑术"（the art of deliberation）[11] 的典型表现。教师在遇到问题时，不是马上付诸理论，而是根据自己的经验，反复掂量，最终选择自己认为此时此刻最合适的方案。这也是本文所强调的让教师处于长期挣扎状态的浓缩版。
最后在楼道里转的时候灵光乍现，"随风潜入夜，润物细无声"。	"灵光乍现"是对"开悟"的一种绝佳描述，而且通常发生在无意识状态。
追问随风潜入夜的主语是什么，是"好雨"，正好暗喻我在工作坊学的好的观念、方法等。	使用"好雨"这一暗喻，指称自己在工作坊中的学习收获。
因为潜入的是我自己的工作领域，所以去掉"夜"字，	这是教师"折中术"（the art of eclectics）[12] 的典型表现：根据需要灵活使用已有资源，不拘泥于既定原理和规则。
"随风"指的是借势，只有大家陷入一个问题情境想要知道答案的时候，涟漪效应才能产生，	再次证实顿悟式学习发生在教师有真实的问题情境，又特别希望解决问题时。
"潜"字暗指潜移默化——	再次使用暗喻，指称工作坊效应的传播方式。
"随风潜入：跨界学习的涟漪效应"。	这是冯老师最后为自己的子课题取的名称。
安超老师的暗喻对我日常工作的启发相当之大！	安超是本工作坊的助教之一。这说明指导者的弱教学在教师后续的思维和行动中产生了迁移和创新；教师在自己需要的时候感受到了被"教"。

参考文献：

[1][6] 格特·比斯塔. 教育的美丽风险 [M]. 赵康，译. 北京：北京师范大学出版社，2018：38.

[2][9] 唐纳德·A. 舍恩. 反映的实践者 [M]. 夏林清，译. 北京：教育科学出版社，2007.

[3] 克里斯·阿吉里斯，唐纳德·A. 舍恩. 实践理论：提高专业效能 [M]. 邢清清，赵宁宁，译. 北京：教育科学出版社，2008：18–19.

[4] 陈向明，等. 搭建实践与理论之桥——教师实践性知识研究 [M]. 北京：教育科学出版社，2011.

[5] 柏拉图. 理想国 [M]. 郭斌和，张竹明，译. 北京：商务印书馆，1986.

[7] Jean C D , Michael C F . Teachers' Professional Knowledge Landscapes: Teacher Stories. Stories of Teachers. School Stories. Stories of Schools[J]. Educational Researcher, 1996,25（5）：2–14.

[8] Engestrm Y . Expansive learning at work: Toward an activity theoretical reconceptualization[J]. Journal of Education and Work, 2001,14（1）：133–156.

[10] Cochran-Smith M , Lytle S L . Relationships of Knowledge and Practice: Teacher Learning in Communities[J]. Review of Research in Education, 1999（24）：249–305.

[11] Schwab J J . The Practical: A Language for

Curriculum[J]. Curriculum Studies, 1969（78）: 1–23.

[12] Joseph, J, Schwab. The Practical: Arts of

Eclectic[J]. The School Review, 1971,79（4）: 493–542.

How Does Teachers' Insight Learning Take Place

CHEN Xiangming

(Graduate School of Education, Peking University, Beijing 100871, China)

Abstract: This article firstly introduces the characteristics and process of teachers' insight learning, i.e.s teachers have to face a persistently unresolved problem, undergo a long process of struggle, encounter an outside advice, transform the defects in their perception structure, and reconstruct the schema of their values and beliefs. The conditions for this kind of learning include: teachers have accumulated enough teaching experience and unresolved problems; the tutors carry on a weak teaching based on existentialism; the atmosphere which has been created should encourage open, safe and equal communication; the learning contents have the potential for reflection and transformation of teachers' mindset. Afterwards, the article points out the importance of teachers' insight learning: not only allow teachers to speak up on a public platform, but also create a knowledge form different from the mainstream and a social practice that empowers teachers. In the end, the article calls on more scholars to enter schools and classrooms to carry in-depth dialogue with teachers, and encourages more school teachers to participate in the reform in order to create more space for diversified learning (especially insight learning).

Key words: Insight Learning, Narrative Action Research, Weak Teaching, Teacher Professional Growth, Workshop

（责任编辑: 茶文琼　黄得昊）

完美画作中的一滴墨渍—— 一位老班的自我松绑①

陈铁苇

（北京市朝阳区白家庄小学　北京　100020）

[摘　要]　作为一个工作多年的班主任，面对问题学生，笔者想尽办法维护自身"优秀"的形象，但没有获得预期成效，所幸在偶然间解决了问题。在叙事探究工作坊中，笔者通过与故事中的自我对话、回溯个人经历，最终挖掘出故事的动因，理解故事的教育意义，明白如何做一名优秀的教师。

[关键词]　班主任　叙事研究　自我松绑

在教师生涯中，如果没有做过班主任，也许不是一个完美的老师。如今我做了31年的班主任，成长为市、区优秀班主任，有了自己的区级名班主任工作室，还出版了自己的专著……应该说是完美的。但因没教过一、二年级，总觉得还有点缺憾。就在五年前，我终于接了第一个一年级班，可以带一个完整的六年，真是梦寐以求。做最完美的教师，为教师生涯画上一个圆满的句号。

一、憧憬——创作一幅最完美的画作

2015年9月1日，看着40个天真无邪的"小豆包"，我欣喜若狂，眼前仿佛铺着一块洁白的画纸，憧憬着六年中，我精心描绘着孩子们快乐成长的每一个瞬间，毕业典礼上呈上一幅最完美的画作。

这五年，我从"六年为学生一生奠基"的视角出发，凝聚家校共育的合力，让每个学生快乐、自信、健康地成长。我们秉承着学校的"云鹤精神"，创建了"云鹤班"，通过云鹤精神，文化育人。我使出积累了20余年的教育经验，想出各种策略，培养坚持做事的好习惯：坚持阅读，现在孩子们年平均阅读量近千万字；坚持星级评价，将学校的培养目标与学生的愿望、家长的期望结合，制定了一套好玩又有趣的动态星级评价标准，在争星中学生良好习惯得到了培养；坚持开展丰富多彩的主题课程实践探

作者简介：陈铁苇，北京市朝阳区白家庄小学教师，高级教师。

致谢：本文撰写中多次得到陈向明、任敬华、安超、欧群慧、王青等工作坊团队专家的指导，在此一并表示衷心的感谢，同时还要感谢工作坊学员伙伴们的帮助。

① 笔者在小王的故事线索中不断改变着思维的角度，最终在指导专家的帮助下找到了一个全新的视角——一位具有30余年教龄的老班的自我松绑。叙事探究工作坊让笔者第一次体验了从向内反思再到多元环境思考的转变，认识到一名优秀老班只有脱去自己坚硬的外壳，才能真正看懂孩子内心的成长需要，真正让自己走出困境。

究，漫步在天坛公园、国子监、东岳庙，游走北京中轴线，探究北京小吃、老字号，研究中国龙文化、传统服饰文化等，把生活引入课堂，再把课堂延伸到生活，使学生学会学习，提升责任感，做一个有担当的社会人；坚持"明星学生"展播活动，美食小达人、二战知识小达人、钢琴小王子、美丽小主播……人人都是班中不可或缺的一颗星。我憧憬着小云鹤们起飞的羽翼更加坚实。

明年就毕业了，我希望到时候，快乐的小鹤们羽翼丰满，携手并肩，迎着喷薄欲出的朝阳，展翅飞翔。那该是多么美好的一幅画卷啊！

二、破坏——完美画作中的一滴墨渍

就在我每时每刻为画作完美而倾心构图、凝神运笔时，班中的小王同学却像一滴突兀滴落的墨渍在画纸上显得那么扎眼。[①]

小王同学胆子大、敢想敢做，好逞强、不愿受约束、好反抗，越到高年级逆反心理越严重。一年级时，就在厕所小便池里踏尿溅到别人身上，搞得小朋友过来告状，他满不在乎地说一句："我没有。"操场上用粉笔写骂人的话，给老师起难听的外号。体育课上，老师让体育委员收垫子，他不想跟大家站队，自行跑去跟体育委员争抢收垫子，结果两个人吵了起来。小王连喊带嚷，拳打脚踢，一脚踹到体育委员的下身关键部位，口中还振振有词："谁让他跟我抢的？"他上课无拘无束，各种接茬的话随口就说。老师提醒制止他，他就发出怪声音，成心气人，有时脾气一上来，张嘴就骂老师。

他很好面子，出了问题，同学告状，老师追问，他总能找到理由来遮掩。一天中午，我在给孩子们分午饭，其他班的同学告诉我，小王

去厕所撕了很多卫生纸，团成团，沾上水，往天花板上扔。我马上跑过去一看，天花板上粘着一块块"膏药"，地面上全是水，一片狼藉，保洁阿姨正犯愁呢。还没等我开口，他马上说："不是我，我没扔。"同学们都证明他扔了。他立马又说："不是我一个人扔的，我只扔了一个。"看他那蛮横的样子，我压住满腔怒火告诉他："现在不是扔几个的问题，是扔没扔？""扔啦！"他小脖子一扭，浑身还乱颤，一副无所谓的样子。我严厉地批评了他几句，让他向保洁阿姨道歉，他满不在乎，含糊其辞地说"对不起"，毫无真诚之意，明显是口服心不服。这分明就是在挑战我的心理底线，我气愤地说："让你家长看看你的状态！"心想"你别着急，我还收拾不了你？"……

每天不是孩子们向我告状，就是任课老师找我反映小王上课违反纪律。我越是用心描绘心中的完美画作，小王就越像画纸上一滴突兀的墨渍那么刺眼，挥之不去，困扰着我，让我痛心。

三、维护——试图刮掉画中的墨渍

做了三十来年班主任，"我要优秀"的心态早已内化成一种习惯。我对工作要求的标准越来越高，班中有一点点瑕疵我都很在意，都想尽快弥补和纠正，尽力维护优秀的形象，试图刮掉画中的墨渍，保证画作的完美。

（一）十八般武艺，屡试屡败

无论小王怎么折腾，我都会使出十八般武艺来解决问题。从开始的苦口婆心讲道理，到后来的严厉批评；从私下晓之以理动之以情，到召开班会，试图集体带动；从各种评价激励，到与家长沟通。但小王仿佛就是"油盐不进"，一切都无所谓。他的行为经常让很多同学受连累、受欺

---

① 本文运用了布朗芬布伦纳的生态系统理论。这个理论强调发展个体嵌套于相互影响的一系列环境系统之中，在这些系统中，系统与个体相互作用并影响着个体发展。本文从小王的个体发展中涉及的小环境、中环境、外环境和大环境四个系统进行了分析。

负，而且同学们对他屡教不改的行为也比较厌烦，渐渐地都开始远离他，能跟他一起玩的伙伴越来越少。

2019 年 11 月，还有两周就轮到我们班在学校的升旗仪式上做班级文化展示了。我想利用小王会跳街舞的特长，由他组建一个街舞社团，跟几个小伙伴一起进行表演。一方面让他有展示自己的机会，另一方面也能改善他与同学们的关系。于是，我组织全班一起欣赏他的街舞视频，鼓励同学们积极参与，但也只有四名同学勉强报名参加。前两次训练，我跟他们一起练，关键是不能让他离开我的视线，我担心他会欺负同学，又弄出乱子。为了鼓励他和街舞团的团员，我也参与其中当起了学生，跟他一起学跳舞。但他只顾显摆自己会跳，而忽视其他人。我尽力告诉他应该怎么教其他同学跳。总之，能让他做一些事情，让他从中感受到跟同学友好交往的快乐，我心里还是有一丝安慰。

然而好景只维持了两天。第三天中午，因为他没有完成数学课堂作业，老师要找他补课，加之我还要组织下午的全年级家长讲堂活动不能陪他们训练，当天的排练只能暂停。尽管我答应他，一定会找时间把这次排练补回来，但是小王一百个不行，非要去训练不可，无论怎么讲、怎么哄都不行，就得依着他才行，一口一个"不行，我就得现在去练街舞"。正在我试图和他继续沟通的时候，他突然跑上讲台，小手一挥，大喊一声："街舞队排练去！"我当时气得肺都要炸了，也随之大喝一声："不许练！"一个中午，他就这样折腾得我心情低落到谷底。下午全年级学生在会议厅听家长讲堂的课，我安排他坐在后面，坐在我身边，他又是一百个不乐意，说啊，笑啊，在椅子上乱颤……非得引起别人的注意，授课老师也因此不得不几次暂停讲课。他就是在向我示威："我就是不服，你能把我怎么样？"最后为了保证会场秩序，杨主任把他带离了会场。我的脸火辣辣的，气愤、委屈、无奈，一股脑儿涌上心头，眼泪在眼圈里打

转，无计可施。身心俱疲的我多么希望有什么惩罚措施能让他畏惧，能助我一臂之力；可是，一无所有。

（二）家校携手，频繁遇冷

这五年，我也曾多次与小王的家长联系，力求家校携手帮助小王成长，但每一次都让我心灰意冷。

小王的爸爸是我们区一所学校的德育副校长，每天很早就去学校，经常很晚才回家，他回到家时孩子早已睡觉。自从教小王以来，邀请家长来学校面谈非常困难，电话的那一头总说工作忙，来不了。就算在电话里交流，家长也表现得很不耐烦。小王的爸爸很强势，又好面子，听不进老师说孩子不好，如果听说老师请家长，对孩子就是一顿痛骂暴打。小王的妈妈是幼儿园老师，有时能勉强到学校，但也是面无表情地听着，淡淡地说："老师，我回去教育他。"

曾经有一次，我把小王在学校发生的事情告诉给了来接他的舅舅，当天晚上，小王父亲在电话中一连串地质问我："我的孩子怎么啦？是你不让他上学了吗？"家长劈头盖脸地冲我这么一通，气得我浑身发抖。等他说完后，我慢慢地跟他聊了半个多小时。虽然沟通最后以表面上相互理解的状态结束，但我心里极其痛苦，眼泪扑簌簌地落下来。我怎么也想不通，自己在小王身上下这么大功夫，煞费苦心，不但得不到家长的任何肯定，而且还要遭受如此待遇。回想自己以前遇到的学生家长，不管孩子再有问题，家长跟老师交流都是积极配合的，是跟老师站在一起的，从没有遇到站在老师对立面的家长。我甚至觉得我的言行如若有一点闪失，小王的家长就会投诉到学校，给我一票否决。我每天面对小王就像在走钢丝：管他，我已无能为力；不管他，全班上课受到干扰，班级荣誉受到损失。挫败、憋屈、苦闷……我每天好累好累，身心俱疲。

（三）优秀老班，如困兽斗

不抛弃、不放弃，优秀的老班怎能畏缩？一

定还有办法。在后来的日子里，我在班中又开展"写赞美日记"活动，鼓励同学们每天细心观察班中的小事，来夸夸身边的小伙伴，每天午餐休息时请同学们进行交流分享。为此，我还召开了班委干部会，让他们有意识地多观察小王细小的优点进行表扬。同时我又担心这会让小王觉得不自在，于是我尽力引导全班互相点赞，让小王在不知不觉中感受全班同学和老师对他的关爱、温暖。但对于小王，中午受夸赞时挺高兴，下午就又回归原样，该闹还闹。这让我有一种被要弄的感觉，心里不住地抱怨怎么会这么倒霉碰上这样的孩子。

为了创作出最完美的画作，小王每次出现问题，我都会尽快去纠正，就想把画作上的这滴墨渍，用小刀轻轻地、快速地刮掉，不留一点印痕，维护我心里的完美。而随着年级的升高，小王愈加反抗，不想被教育，不想被约束。音乐课上他把大家公用的音乐书撕碎扔到柜顶上；数学老师让他改错后再去操场活动，他就使劲踢班级书架以示抗议；体育课上没有安排篮球运动，他随意玩篮球，老师制止，他就踢篮球，还故意攀爬校园围栏……他想做什么就要做什么，否则就是各种控制不住情绪的反抗。而我的班级又怎能允许任课老师说存在纪律问题？一个工作三十来年的优秀老班，连一个小淘气都驯服不了，我怎么给年轻老师树立榜样？在无计可施的情况下，我曾经将小王的情况跟学校做了交流，想借助学校的力量教育他。学校领导找到了他，与他谈心、沟通，提希望、定目标。当着校领导的面，小王表现得尤为乖顺，保证遵守纪律，不再损坏集体荣誉。校领导摸着他的头，给予他极大的鼓励，临别时他还跟领导合影，高兴地回到班里。看着他的表现，我松了一口气，心想："上级的干预还真有效果啊！"可是兴奋的心情还没来得及回味，小王就又在厕所弄了一裤子水，把卫生纸一圈一圈缠在头上、脖子上、大腿上，像个战场上的重伤员在班中哗众取宠。去了两次校区主管那里，每次回来却变本加厉，他认为是我给他告

状了，他要求："不许跟我爸爸联系！"问及为什么，他说因为爸爸会打他。听他这样说，我又觉得这孩子也确实可怜。

可是，多次求助校领导，最终教育效果依然寥寥。此时，我觉得不但给领导添了麻烦，也在领导和同事面前丢人，没面子。何况小王的父亲是德育副校长，与我在同一个区工作。这些都让我想要证明自己优秀的渴望更为迫切。我要做到最好，才对得起一个个奖章、证书，才对得起"优秀老班"的称号。荣誉的光环如同紧箍咒束缚着我，内心压抑极了。我一心想快速刮掉墨渍，尽快解决小王的纪律问题。于是我找他谈话，从轻言细语到忍无可忍的大发雷霆。在班中开展集体活动，其他同学都受教了，而他却无动于衷。每一次都费尽心力，想与家长配合，但都碰了壁。到头来，还是苦口婆心地说教。刀刮墨渍的力度越来越大，我的执着似乎伤害了小王的心，我跟他说话，他眼睛根本不看着我，小脑袋左摇右晃，两手插兜，两腿乱颤，一副不满的样子。我愈发感觉画纸刮到了只剩薄薄的一层，但还有痕迹，我真的不敢再刮了，特别害怕失去整张画作。失落、无奈、痛苦、委屈……各种消极情绪把我包裹在一个茧里，内心呐喊着："一定要完美，我要最完美的画作！"

四、迷茫——寻觅画作上的留渍人

教了小王五年，仍旧转变不了，我每天挣扎在不解、苦闷和焦虑中，度日如年，想逃避但又不甘心。一个"优秀"的老班，不能对"混世魔王"坐视不管，我望着画作上那扎眼的"墨滴"陷入沉思，我还能怎么办？

（一）惊天逆转——小王父子"变了"

"终于放假啦！"我长呼一口气，一想到一个寒假都不用跟小王交锋，真是太幸福了！甚至内心深处隐隐地在幻想，如果他下学期能转学，那该多好啊……但这种逃避的背后，还有一种不甘心：不把他教育好，怎么证明我是个

货真价实的优秀班主任？当初接班时憧憬的最完美作品呢？完美画作上的这滴墨渍，成了我心中的结。

没想到寒假刚过一周多，席卷全球的疫情暴发了，大部分人都自我在家隔离。为了让孩子们居家的生活和学习能丰富多彩些，班里开展了一系列活动。每次活动小王都认真参与，家长拍来的套被罩、洗衣服的小模样特别可爱。看着他的照片，我想，这个孩子开学我还得面对啊，得趁着假期加强一下联络，让他知道老师还惦记着他。于是我拨通了小王妈妈的电话，让她把电话开免提，跟孩子一起听电话。长胖了没有？都看了什么书？每日三餐要按时吃饭，生活要有规律……半个多小时里，嘘寒问暖，亲切交流，孩子和妈妈都表现得很轻松愉快。后来，我跟小王商量，让他为班级的活动宣传做一个美篇，他特别痛快地答应了。他们母子俩都是第一次做，反复切磋，第二天呈现出了特别精致的美篇。我转发到班级群里，还发了朋友圈，特意对此进行了表扬，家长们也给了小王特别的鼓励。这一次友好的交流，像一团小火苗在我的心中燃烧起来，我对他每天的作业也更加细致地点评，小王对班级群里的活动也表现得越来越积极。

更让我惊喜的是在 2020 年 2 月 17 日 "停课不停学" 的第一天。线上的课非常拥挤，大家观课的效果非常差。我突然接到小王爸爸的短信，他告诉我区内线上课直接点击链接地址，不用登录就能观看。我转发到班级群里，一下解决了大家的燃眉之急。我当时为小王爸爸的举动惊喜得从床上蹦了起来，惊呼："哇，这是怎么了？小王爸爸竟然主动跟我交流了！" 瞬间我的心就像密不透风的房间里打开了一条缝，透过一股清风，我兴奋极了。

（二）不是他的错，难道真的都是我的错

线下 "混世魔王" 一样的小王，疫情期间怎么会突然有这么大的变化？这个困惑扰乱了我的心。一次交谈、几次鼓励就能使父子两人都发生这么大的变化，这分明是讲不通的。我陷入深

深的彷徨与迷茫，我不愿相信又不由得偷偷揣度：难道这都是我的错？正当我彷徨时，叙事探究工作坊团队的老师看到了我写的故事，陈教授和老师们与我一起展开线上的交流讨论。在工作坊的云课堂上，任老师用我的故事做了 "无往不胜者的自我松绑" 的系统分析，建议我在故事中与自我对话，澄清情绪，探寻内心的成长。安老师帮我对 "小王事件" 进行再理解：为什么优秀的光环成了紧箍咒？我需要先找到松动紧箍咒的契机。在我试图为小王的成长护航的同时，实际上小王也是在帮助我成长。陈教授耐心地告诉我要回溯自己的成长经历：怎么成长为优秀的，又是怎么一步步被优秀捆绑的？学习合作小组的老师们展开头脑风暴，帮我挖掘故事背后的成因。渐渐地，我仿佛看到了 "这滴墨渍" 对于我的意义。

五、接纳——系统思考与珍爱 "这滴墨渍"

三十来年班主任的成长历程，我从稚嫩的小老师成长为 "优秀的老班"，其中的酸甜苦辣咸，唯有自己知道。工作中遇到困境如何去化解？在工作坊的学习中，我学会了运用生态系统的思维方式，只有脱去 "必须优秀" 的坚硬外壳，在懂得发挥优势的同时还要挖掘真实的自己，尊重、接纳自己和学生，理解完美画作中的这滴墨的真正价值，让自己变得更加真实而柔软，才能回归教育的初心，让学生实现个性化的成长。

（一）"优秀" 变成了 "紧箍咒"

"让优秀成为一种习惯" 是多么励志的一句话，可在我身上，优秀却成了包袱。我从小在农村长大，看着父母面朝黄土背朝天地辛苦劳作，自己下定决心要靠知识改变命运，逃出那片黄土地。我从小学到初中都是全优生，以优异的成绩考上了师范学校。1989 年毕业时，我是屈指可数的择优分配生，从农村来到了北京市中心的一所小学教书。为此，爸爸奖励了我一辆 "飞鸽"

自行车，自己能够在邻里乡亲间给父母争光，觉得特别自豪。

工作以后，初生牛犊不怕虎。一些教法自己搞不太懂，课上教不明白的，就真诚地跟孩子们一起讨论，站在讲台上的经常是可爱的孩子们，而不是我。我靠着勤奋踏实、虚心好学和真诚热情赢得了学生的喜爱。他们都挺争气，我带的班级无论是学习成绩还是运动会、卫生评比等都不错，还评上优秀班集体。五年后我就被评为了区级优秀教师。第一次获得这样的殊荣，兴奋之余又增添了自信，我更有干劲了，憧憬着自己将来会更加优秀。

在后来的教学路上，我越来越顺利，在全校教师中我第一个获北京市班主任"紫禁杯"特等奖，第一个在全区做了名师展示，第一个拥有了区级名班主任工作室……面向全国的班主任工作经验交流越来越多，每次交流中我都把自己的成功做法分享给别人，这给我带来了极大的充实感和满足感。我回到班中就想做得更好，更有新意，要不断推陈出新。在不断的实践积累中，我成了大家心目中的榜样，影响力和受关注度也越来越高，在校内我成了"无所不能"的班主任。

随着年龄和阅历的增长，"做事完美、追求优秀"不知不觉成了我的事业标准。家校活动有声有色、常规习惯年级优秀、科任课让授课教师省心，等等，这些我觉得是理所应当的，这才能称之为优秀。当学生有了问题，我会条件反射一样地要马上纠正，认为下次不能再出现类似的情况才能证明我优秀，才能迎合老师们心中期待的"无所不能"，才能在工作室中给老师们树立榜样。就这样，不知不觉中"优秀"成了我身上一个重重的包袱。

为了帮助小王，我用尽了十八般武艺，但目标指向是"你要听我的话，我的画卷上不需要这滴墨渍，你要成为我需要的色彩"。由于自己一直优秀，我似乎很难理解学困生真实的心理活动。现在静下来分析小王那天非要闹着去练街舞，可能是想两周时间内练好，要代

表班级在全校展示，不抓紧时间练就来不及了。而我，想到的是他不能离开我的视线，不能出乱子，不能给班级抹黑，班级还有很多很多的事情要我去做，他一个人每天太牵扯我的精力了。

每天面对40个孩子，小学班主任的工作和教学任务繁杂而琐碎：小到学生穿脱外套、吃饭、喝水、上厕所，大到教学设计、批改作业、关注学习效果，从卫生到纪律，从习惯培养到身心健康，行外人眼中鸡毛蒜皮的小事在我们看来都是惊天动地的大事。一天，睿睿情绪低落地走进教室，询问后得知因父母吵架，妈妈生气回了姥姥家，自己哭了一宿没睡好觉。放学后，我像居委会大妈一样做夫妻调解工作，直到一家三口开心地和好了，我才走出校门。一天，彤彤不敢交作业，原来是头天晚上妈妈嫌她作业磨蹭，写得不好，一怒之下把本子撕了。我课下先帮助孩子补好作业，又进行心理帮扶，晚上跟家长电话沟通……每天想得到的和想不到的事情如天上的星星那么多。每个孩子都是我心中的宝贝，我愿意倾尽全力，做到完美，不辜负家长的期望，不辜负领导的期望。

所以，教这个班五年来，为创作最完美的画作，我连睡觉做梦都在跟小王交锋，总想做到最好。即使科任老师说"班级整体特别好，就小王随便说话"，我听了都会像针刺了一样很不舒服，"不完美"的别扭感立刻涌上心头。在我心里，就算班级整体再好，也都会被这"一滴墨渍"彻底遮掩。我的情绪如波涛汹涌的海浪，不断翻滚，不能自拔，以致我每天被坏情绪左右，带着苦闷和无奈、带着委屈和焦虑上课，我仿佛走入了黑洞，看不到光明和希望。孩子们经常跟家长说："陈老师今天心情又不好了。""陈老师不爱笑了，没有以前漂亮了。"我发现，孩子们阳光可爱的笑脸也渐渐少了，心里对孩子们的歉疚油然而生。

多年来，每每获得一个新的荣誉，捧着红彤彤的证书，我内心的喜悦都是短暂的，更多的是

马上思考下一步我怎么更优秀才能让"优秀"实至名归。渐渐地，为了维护在他人心中"高、大、全"的形象，我对自己的要求愈发高起来。荣誉如同一道道"紧箍咒"，束缚得我喘不过气来。多年来，我要永葆昂扬的斗志，对得起大家称赞的"火一般的铁苹精神"。教育系统内长期实施的教师队伍评优制度，让我这样的少数人脱颖而出，成为一定范围内被大力宣传的典型人物。在众星捧月的聚光灯下，我的虚荣心得到了极大的满足，同时我也要求自己时刻控制自己的一言一行，以符合标杆该有的形象。久而久之，我自己深感压力之大，内心变得越来越脆弱，外表也变得越来越坚硬。

（二）放下包袱，给自己松绑

叙事探究工作坊的研究，启发、引导着我从多元视角看待小王这滴特殊的墨渍的教育意义，用系统思维揭开我心头的迷雾。向着优秀的目标成长，这毋庸置疑；将荣誉的光环作为迈向更高台阶的基石，这也无可厚非。但是我们需要守住教育的初心，回归教育的本真，理性思考自己的教育行为所映射出来的自己对教育的认识。

不知多少次，在与小王谈话时，我真诚地说："老师、家长和同学都在帮助你，我们都在陪伴着你。"看似多么贴心、温暖的话，却招来小王冰冷的一句："我不需要帮助！"我痛心他的不懂事：这都多少年了，我对他不抛弃不放弃，班级管理的大部分时间和精力都花在他的身上，就算是块石头也该被焐热了吧。他怎么就感受不到我的真心呢？工作坊任老师和我共同分析"帮助"这个词背后的含义。为什么一听到"我们都在帮助你"这样的话，小王就会抗拒，甚至有时可能"爆炸"呢？"帮助"背后似乎暗含对小王的否定判断："你不行，你有问题，你有困难……"而且，不管小王接受不接受，我们都要给予他外界干预。而胆大敢为的小王岂能容许他人说自己不行呢？因而就越发抵触、抗拒这些所谓的帮助。作为教师，尽管我还没能破解走进小王内心宝库的密码，但是至少，我也不该在探寻的途中启动他的"防御机关"。思考到这里，我的内心似乎有了一丝丝的光亮，照亮通往宝库的第一个台阶。我应该做的是先理解小王的真实需求，找到能够被他接受的、能够真正影响他的教育方式。

2020年9月1日，终于迎来了疫情后的新学期。开学第一天我重新安排了座位，采取孩子们自愿组合的办法。我观察了小王半天，他找不到组合有点小沮丧，我用眼神鼓励他，一会儿小王主动找到了几个同学，说了几句，脸上露出了笑容。小王被安排到了教室的中间部分，没有坐回那个多年的"特别关照"座位。他前后左右地看了看，我送给他一个微笑，他也咧嘴冲我笑了笑。现在我明白了，疫情前后变化的不是小王，而是我。

每天他高高兴兴地来到教室，我给他测体温，他会主动说"谢谢"，午餐时，他能主动帮助同学分发水果和酸奶。当然，分发过程中还是会出现大声嚷叫的情况，但我会调整情绪，让他冷静一下再发，并为他配备一个助手。如今，虽然小王上各种课时还有接下茬、故意说笑、破坏纪律的情况，虽然体育课上跟同学又闹矛盾了，虽然还有在厕所打闹的情况……但我知道后，能够尽量摆正心态，调整情绪，心平气和地跟他交流，鼓励他自己提出改进要求。最近还让他当上了队长，举着班牌带领同学放学。我在班中还开展了系列主题实践活动，用班级活动引导小王找到自信，体验成功。

经由小王的故事，目前我思考最多的问题是：孩子内心真正需要什么？我要引导孩子感受到"班级需要我，我有存在的价值和意义，集体不能没有我"。每一个孩子都是独特的个体，每一个孩子都渴望成功和肯定。教育者需要秉持发展的观点看待学生，让每一滴墨都发挥它应有的作用，让每一种色彩都焕发存在的意义，这才是真正完美的画作。

回顾过去的五年多时间，小王这一滴墨渍，我原认为是它破坏了整幅画作的美感，必须刮掉。现在,放下包袱的我,用轻松平和的心态与他相处,感觉他牵扯我的精力少多了。现在的小王,不再是一滴刺眼的墨渍,而是这幅画作中一只羽翼渐丰、欲飞又止的小鹤。虽然还没有能翱翔于天空,但他正是构成整幅生动又写实画作的点睛之笔,真是非凡的一滴墨迹。

提笔瞬间,我一下子从抱怨转为感恩,心中涌动着一种酣畅淋漓的快感,似乎听到了生命拔节的清脆声响。

我的画作还在继续创作中,小王这滴墨让我明白了要多角度看问题,要学会给自己松绑,做能放飞心灵的普通人;一个优秀老班,虽然好似永远在追求完美的路上,但要有正确的自我认知,悦纳自己和他人;更要尊重学生的个性和差异,每个孩子都是一个独特的生命体,教育就是要让每一个生命绽放异彩。期待毕业时,我的画作是充满温情和智慧的,墨迹淡淡地晕染开去,化作一条清澈的溪水,一位老者坐在溪边,望着远处天空中一群比翼翱翔的云鹤,向着高远的天边飞翔,飞翔!

A Drop of Ink in a Perfect Painting:An Experienced Teacher's Self-Loosening

CHEN Tieping

(Bai Jia Zhuang Primary School, Beijing100020, China)

Abstract: As a class tutor who had worked for many years, in the face of problem students, the author tried her best to maintain her "excellent" image, but failed to achieve the expected results, while luckily the problem was solved occasionally. In the narrative inquiry workshop, through the dialogue with the self in the story, the author looked back on personal experience, thus digging out the motivation of the story, understanding the educational significance of the story and getting to know how to be an excellent teacher.

Key words: Class Tutor, Narrative Research, Self-Loosening

(责任编辑:茶文琼　黄得昊)

是什么让我们忽视了他的优秀
——探究"被报告分子"问题行为背后的原因

丁 珊

（北京第一师范学校附属小学 北京 100075）

[摘 要] 学生的问题行为有多种成因，教师若处理不当可能会进一步引发家校沟通问题。笔者以一名学生的问题行为为主线，通过叙事探究的方式，开展行动研究，发现学生问题行为背后的原因有被标签化、家校沟通障碍、教师固有印象等。笔者通过实际分析，不断意识到教育改变的可能。

[关键词] 问题行为 家校沟通 教师观念

一、"被报告分子"频繁上线

"老师，老师，小徐刚刚又在厕所推了我一下。"

"老师，老师，小徐还故意把水弄到我身上。"

"他还站在门口，拦住路，不让我们出去。"

……

一到课间，班里的男孩子们常常像小鸟一样在我耳边叽叽喳喳说个不停，而被他们打报告的分子就是我们故事的主人公——小徐。故事发生的地点，常常是男卫生间。一到课间，"厕所战争"就爆发了，小徐不仅是"战争"的挑起者，还常常是"战争"的胜利者，因而就成了被报告的对象。为此，我跟小徐的家长聊过几次，家长也认可孩子有些淘气，但又有些无计可

施，同时他们也表示，每次小徐犯了错误，他们都是以说教为主，不会有其他的惩罚措施，久而久之导致说教越来越不管用。我只好明令禁止小徐不能在人多的时候去上卫生间，如果想去要和老师请假，得到允许后再去。可是这样的警告对他来说似乎是隔靴搔痒，只要我稍微不注意，他就依旧我行我素，溜进卫生间，玩上一个课间，有时和同学玩得高兴，但更多的时候却以告状结束。

一天课间，一位学生急火火地从卫生间跑回来对我说："老师，老师，小徐把卫生间的门弄掉了。"我一听，赶忙冲进去，万幸，没有孩子受伤。但卫生间三个隔间中的一个门已经掉了下来，斜靠在门框上，里面的男孩子们各个面面相觑，谁也不说话，一向热闹的卫生间里

作者简介：丁珊，北京第一师范学校附属小学教师。

致谢：本文得到了北京市第三期教育行动研究工作坊陈向明老师、欧群慧老师、王青老师、安超老师以及学员张东云老师、张晓燕老师、贾宁杰老师的很多启发和帮助，在此表示感谢！

出奇地安静。一见我来了,男生们便开始七嘴八舌地说了起来。再三确认下,我终于弄清了事情的原委:小徐把小宋拉进卫生间的隔间里说话(小宋是班里一个较为特殊的孩子,由于和同学存在一些差异,大多数同学不喜欢和他交往,但小徐很喜欢他),小戴也想进去找小宋说话(当时的我也不知道他们为什么那么喜欢在卫生间里说话),可小徐不让,两人就一个往里推,一个往外推,争执之中门就这样被弄坏了,掉了下来。

事情很清楚,两个孩子都有错,可小戴承认错误的态度明显更快。我走进男卫生间看到倒在地上的门,其他同学七嘴八舌地向我报告着他们看到的事情经过时,小戴就已经发现自己犯了大错,吓得哭了起来。可小徐呢,却一脸无辜地看着我,当时他也一直在很大劲地推门,可他却在不停地辩解,说不是自己弄的,是因为小戴非要进来才给弄坏的。看着旁边泣不成声的小戴和理直气壮的小徐,我心中的怒火在不断地上升,小戴的泪水仿佛替他赢得了一些我的偏向,而小徐的态度却让我更为恼火。我压住怒火,让其他学生从卫生间里散开,赶紧回班上课。然后我把小徐和小戴带到旁边的空教室,对他们进行安全教育,其间小徐还在不停地辩解,直到我告诉他门是向内开的,他向外推是导致门损坏的主要原因,他才不情愿地承认了错误。

随后,我带他们到总务处,询问应如何赔偿坏掉的门。总务处的老师告知学校没有合适的铰链,需要家长买来。于是,我分别联系了两个孩子的爸爸,他们是邻居,小戴的父亲工作很忙,两人达成共识后,由小徐的父亲买来铰链,送到学校。

下午,学校派工友来看被损坏的门,发现并不是铰链的问题,于是就给修理好了。课间,小朋友们告诉我男卫生间的门已经修好了,我第一时间打通小徐父亲的电话,告诉他门已修好,不用过来了,但回家后还是要对孩子进行安全教育。小徐的父亲满口答应。

虽然未伤到人,门也很快又安装好了,但能把卫生间的门弄掉下来,在小学生里也算犯了大错误。原以为我严厉的批评教育加上家长的安全教育,能够让小徐认识到自己的错误,最起码在最近几天里会稍微"收敛"一些自己的行为,然而,事情并不是这样的……

第二天,由于要上一次展示课,我带班里孩子来到了校图书馆。这是他们第一次到图书馆,大家都觉得新奇,带着好奇的眼光打量着图书馆的一切。正当我给学生们安排座位时,一位学生大喊起来:"老师,小徐把小宋的鼻子打流血了!"只见小宋的手捂着鼻子,鲜血还顺着手指缝往下滴,再看地上,也有了一小摊血迹。我赶忙从图书管理员那里借来一些纸巾,帮小宋简单处理后让学生带他去医务室,我则留下来询问这起冲突发生的缘由。

又是学生们七嘴八舌地说着,或者说打着报告,又是小徐一脸委屈地站在一旁被报告着,这一幕让我熟悉不已。听了几个学生的描述,我大概了解了整个事件的缘由:图书馆门口有一个检测的设备,地上有一块凸起的灰色部位。小宋出于好奇想站上去一下,可小徐就是不让,其实小徐并不是班干部,而且小宋站上去也不会毁坏设备,但小徐就是不让小宋站上去,结果一拉一拽,误伤了小宋的鼻子。

昨天斜倚在门框上的门还没在脑海中散去,今天地上的鲜血更是刺激了我的怒火。但我不是一个"大喊大叫"型的老师,而且班里其他学生还在等我安排座位,准备明天的展示课。因此,我让小徐自己等在旁边先反思一下。忙完后,我终于有时间静下来和小徐好好聊一聊,可谁知,他开口的第一句话依旧是:"小宋他……"他又把责任推给同学。他反复和我说是小宋先要站上去,他怕小宋把设备踩坏才要制止他,然而小宋不听劝告,一意孤行,且还有推搡他的行为,所以一拉一拽之间,才弄伤了小宋的鼻子。无奈,我又是一番苦口婆心地说教,才让小徐认识到自己行为中的错误。

二、家校沟通中的"意外"

由于小徐接二连三地出现问题行为，我觉得有必要和家长好好谈一谈，于是拨通了小徐父亲的电话，请他来一趟学校，但他以工作忙为由拒绝了，说让孩子姥姥放学时找我。放学时，小徐的姥姥来了，先是斥责了孩子一番，接着把话头一转，对我说其实小徐也经常在男厕所里受欺负，只是他们没有说罢了。昨天小徐爸爸已经请了假，却接到了我的电话，告知不用过去了，用小徐爸爸的原话说就是"老师不让我过去"。

我一听，原来家长是带着怒气来的呢！看来是对我工作不满意，所以才三番五次沟通也没有实效，最终导致小徐一连两天出现问题行为，造成了不小的影响。我立刻给孩子姥姥解释了昨天事情的前因后果，送走孩子姥姥后，我又给小徐的爸爸妈妈分别打了电话。原来是他们认为课间让孩子去卫生间请假的事让孩子丢了面子，结下了心结，而昨天小徐爸爸请了假想过来和我谈谈孩子的情况，却被告知不用过来了，让家长以为我不想沟通，这样心结就更深了。我解释说，这样做不仅是为了小徐，也是为了更多的孩子。这样做就是为了防止类似昨天和今天这样的事情发生，如果当初家校配合得好，能够将孩子随意和同学打闹的坏习惯改正过来，这两天的事件也就不会发生了。

家长的心结解开了，后续家校工作的开展也就顺畅了一些，然而小徐的问题行为还在不停地出现，"厕所战争"也在不断地上演着。小徐，成了全班最令我头疼的孩子，每每听到他又出现了什么问题，我往往是一个头两个大，小徐对我的批评管教也甚是不喜欢，我想我们的关系应该就是那种"相看两生厌"吧。然而，疫情期间的点滴小事，却又让我重新认识到了小徐对我的态度，从而让我开始静下心来反思我对他的态度。

三、认识全新的小徐

记得那天学校网课平台第一次播放我录制的微课，我特意去看留言板，想看看许久未见的孩子们会有怎样的回复。没想到，小徐居然是第一个在下面留言的，他这样写道："是丁老师！真好！"虽然只有短短的几个字，却让我感受到了小徐当时在微课里认出我声音时的高兴与欣喜。他居然按时听课了？听到了我的声音这么高兴？这令我很是意外。在我心目中一向是个"问题分子"的小徐，摇身一变成了按时上课、积极与老师互动的乖孩子。

更令我惊讶的是，过了几天，我们召开了一次网络班会，目的是了解孩子们居家学习的情况和感受。我与孩子们自然而然地聊到了线上的课程，我问："大家都喜欢什么课呢？"孩子们七嘴八舌地说着："数学""科学小实验""体育课""英语故事"……唯独没有语文课。可能因为语文都是练字和阅读推荐，相比其他课程有些枯燥吧，其实我心里还是有些失落和遗憾。正当我这样想着，小徐在屏幕那头，笑盈盈地说："我最喜欢丁老师的课了。"此话一出，又着实让我心里一惊，没想到缓解了我的尴尬的居然是一向最让我头疼的小徐。看着他的笑脸，我突然发现小徐今天格外可爱，脑海中不禁浮现出以前曾经忽略掉的一些画面：他把自己午餐时最爱的水果拿来与我分享；他在值日时毫不吝惜自己的力气，擦地擦到满头大汗；他在运动会上拼尽全力为班级获得奖牌……

班会很快结束了，小徐的笑脸却在我的脑海中挥之不去。这次特殊的班会，他表现十分积极，与老师、同学沟通都十分融洽，丝毫没有以往的"问题行为"。小徐也是一个很可爱的孩子呢！他也很喜欢我呢！我第一次有了这样的想法和感受。可为什么之前我都忽视了这些呢？为什么一想到他就全都是他犯错的情景，甚至片面地将我们的关系定义为"相看两生厌"

呢？到底是什么让我忽视了他的优秀呢？我陷入了沉思，不断回忆着与小徐相处的点滴小事，我想，问题的答案可能还是要回到源头说起，脑海中他的笑脸让我回想起我们第一次见面的情景。

四、并不愉快的初次见面

2018 年秋天，新的学期又开始了。工作第四年的我，告别了从一年级带到三年级的班级，重新接手了一个新的班级。这是我工作后第一次接手新班，家长会信服我这样一个刚刚工作的年轻老师吗？这个班会像我之前的班级一样有规矩吗？会不会有很棘手的"特殊分子"呢？一系列问题让我心中难免有些忐忑不安。

返校当天，师生第一次见面，一张张稚嫩的小脸看着我，安安静静地听我讲话。可能因为第一次见班主任，大家略显拘谨，都很乖巧。很快，到了发新书的时间，随着几声"报告"，几名六年级的学生把新书送了进来。我赶紧组织发书，拿到新书，学生们都迫不及待地翻看起来。新书很多，陆续又来了几名学生，"报告！""报告！""报告！"……几声连续的报告声激起了班内一名学生的好奇，只要六年级学生的话音刚落，班内便立刻应声响起一声"报告"。我循声看去，原来是坐在第一桌的一个小男生，正笑嘻嘻地模仿着六年级的学生。虽然是三年级开学的第一天，但经过一、二年级两年的学校学习，学生应该都养成了良好的行为习惯，不在课堂中随意说话是最起码的要求。我坐在前面，仔细观察起他来，他没有发现我在看他，还自顾自地沉浸在模仿他人说话的快乐中，开心得不得了。他个子并不矮，可是却坐在了第一位。由于我对孩子们还不太了解，返校当天并没有重新安排座位，他们就是按照二年级时的座位坐的。个子不矮，却出现在了第一排，教师的直觉告诉我，他一定是个"特殊分子"。这就是我对小徐先入为主的第一印象。

我向他招了招手，他立刻闭上了嘴巴，收敛起笑容，仿佛认识到自己犯错了，慢吞吞地走了过来。我问他："你叫什么名字？"他说"小徐"。我又问："你为什么学他们呢？"他低头不语。在我的再三追问下，他才承认，只是觉得有点好玩。"好玩？"我一听，顿时就火冒三丈。六年级的学生抱着那么沉的书，从礼堂一路走到教学楼，又爬了三层楼才送到我们教室，而且那么有礼貌地喊了报告才进，他居然觉得别人的喊声好玩。这孩子太不懂事，太淘气了。这就是小徐给我留下的第二印象。

五、静心反思，寻找根源

（一）撕掉标签，小徐的"问题行为"到底是什么

可以说，开学当天小徐是全班学生中给我留下印象最深刻的一个孩子。在接下来一年多的相处里，我对小徐的印象在此基础上不断地累积，一次又一次的犯错之后，"特殊分子""不懂事""淘气"这些标签一个个被我亲手贴在了他的身上。我从内心就认定他是一个调皮捣蛋、惹事不断的特殊分子，而他的那些行为自然而然地被我归在了问题行为之中。小徐就像是一个"定时炸弹"，只要他一犯错随时就能"爆炸"。

如果有人问我班级中我最喜欢的学生是谁，我可能一时间答不上来；然而，要问我最不喜欢的学生是谁，我脑海中浮现的一定是小徐的身影。由于他的问题行为，我对他不怎么喜欢，虽然嘴上不说，但扪心自问我内心多少是有这样的想法的。虽然从学生时代的学习教育开始，我就一直知道"有教无类""因材施教"这些教育观念，参加工作后也一直努力想要让这些千百年流传下来的教育智慧在自己的教育行为中生根发芽，然而却不可避免地出现了知行分离的现象。现在细细想来，其实就是教师的儿童观不够稳定，或者说教师的儿童观仅仅停留在口头上，没有真正内化为自己头脑中的观念，特别是不能用已经掌握的儿童观去指导自己的实践。[1]教

师的教育观念和教育行为之间存在很大的相关和一致性，因为观念是行为的内在依据，行为是观念、认识的外部表现。[2]正是由于内心这种带有些许偏见的观念，才使我的教育行为出现了偏差。我对待小徐过于以偏概全，目之所及所谓的标签让我忽视了他的优秀。

而我对小徐的态度，又直接影响了同学们对他的态度。其实班内也不乏其他调皮的男孩子，可同学们似乎总喜欢告小徐的状，一点点问题都会跑来向我反映，没有丝毫的包容与理解。我想也许就是因为我对他这种不喜欢的态度被其他学生察觉到了，同学们不仅开始慢慢疏远他，而且认为当他们发现小徐有一些不当的行为时报告给我便是做了一件好事，便能获得老师的关注，成为与小徐不一样的好孩子。

我的固有印象和同学们的疏远，导致了小徐无法获得应有的关注。因此，他只能通过淘气、犯错，通过同学告状、老师批评来让大家真正"看到"他。正如阿德勒心理学中提到的，我正在通过训斥这种行为给予小徐关注，而小徐想要继续获得关注只能持续不断地出现问题行为。久而久之，小徐的问题行为就成了他想要引起老师关注、想要获得友谊的一件"外衣"。

想到这儿，我突然意识到另一个问题：我眼中所谓的"问题行为"真的是问题吗？小徐的打打闹闹和其他男孩子的淘气有什么不同吗？难道只因为次数多了一些就成为"问题行为"了？记得每当小徐出现问题行为时，我总是气呼呼地质问他："你到底为什么这么做呢？"他常常一脸无辜地对我说："我就是想和他玩玩。"

一开始，我总认为这只是他推脱责任的一种借口，然而，现在细细想来，也许在他的认知里，这样的行为就是玩，而在我的认知里，这样的行为就是问题。因为刚刚参加工作几年的我，追求的是稳定的班级氛围，一切皆在掌握之中，让我有一种安全感。调皮的学生往往精力过剩，他们需要以一定的方式发泄出来。[3]然而，我却没能为小徐找到发泄的机会，使得小徐成为班级内的不稳定因素。一旦班内出现跳脱框架之外的不稳定因素，便会打破我的安全感，因而使我认为此时班内出现了问题，而问题便是那使得班内氛围不再稳定的行为。

原来，问题行为的根源不在于小徐的行为，而在于我是怎样看待他的行为，又赋予了这些行为怎样的意义。我想，如果我能够早一点站在理解小徐的角度看待他的行为，这些行为其实就是一个渴望得到朋友的孩子做出的想要得到他人关注的行为，哪里是什么问题行为呢？

（二）家校沟通，为何越沟通效果越差

当然，除了我和班里的同学，我想小徐的家长对小徐的行为缺乏一种正确的引导，也是导致他优秀的一面被埋没的重要原因。比如，小徐遇到问题很容易推卸责任，特别不愿意承认错误，总把自己立于一个受害者的位置，我就从中隐约看到了他家长的影子。可以说，小徐的家庭就是一个比较敏感的家庭，尤其是当面对一些问题时，首选是逃避，而不是解决。长期生活在这样一个家庭环境中，导致小徐在犯错时也会选择趋利避害。

然而，由于缺乏教育经验，我只把目光投注于小徐身上，反复与家长沟通，不仅没能起到合力，反而让家长因为常常被"请"到学校或者与老师联系，而对我的教育行为产生了极其特殊的敏感性。这种敏感导致当我采取一些措施时，家长常常不能理解，甚至产生抵触情绪，家校无法真正形成合力。这也就是为什么反复沟通之下，小徐却丝毫没有改变，甚至接二连三出现问题的根源。

望子成龙之心每个家庭都有，小徐的父母也不例外，他们十分重视对孩子的教育，希望孩子能够优秀，获得老师和同学的认可，这些在一次次的沟通之中我能够感受到。然而，每次沟通的结果是家长都没能感受到老师对自己教育的认可，让原本就比较敏感的小徐父母心中很不是滋味，自然而然不愿配合我的工作。

我想，接下来在与小徐父母的沟通过程中，我要改变自己以往一味告状的做法，从自身做起，先不让小徐成为一名"被报告分子"。同时，要更多地、适时地与小徐父母进行沟通，不要总在小徐犯错时才以一个教育者的身份出现，而是要在生活中，以一个朋友、合作伙伴的身份多与家长进行有效的联系，多汇报孩子的进步与成长，同时将如何配合学校教育、如何正确引导孩子的方法潜移默化地与之进行沟通和交流，逐渐消除家长心中的抵触情绪，让家校真正携起手来。

（三）卫生间为什么成了小徐最爱的"战场"

其实，学生特别喜欢待在卫生间这种现象在学校教育中十分普遍，不仅是调皮的男孩子，一些女孩子也喜欢在卫生间说悄悄话。而且随着学生年龄的增加，这种现象愈为普遍。学生为什么喜欢待在卫生间呢？我想要从学校所营造出来的文化谈起。

学校文化是一种亚文化，是学校中形成的特殊文化，体现的是社会背景下以学校为地理环境圈，由全体师生在学校长期的教育实践过程中积淀和创造出来的，并为其成员所认同和遵循的价值观、精神、行为准则及其规章制度、行为方式、物质设施等的一种整合和结晶，其本质意义在于影响和制约学校内人的发展，其最高价值在于促进学校内人的发展。

从其本质可以看出，学校通过一系列的行为准则、规章制度来影响和制约学生的行为，使其朝更好的方向发展。然而，学生常常不愿接受这种束缚，时刻想要冲破这些准则和规章制度。可是学校老师众多，而且就目前学校的建设来看，一般都在校园内安装有摄像头。哪里才能摆脱监管呢？私密性较好的卫生间就成了学生的首选。

另外，卫生间较班级来说更为开放，整个楼层的人来来往往，进进出出，能够接触到更多新朋友。对于小徐而言，待在教室里却感受不到老师和同学的喜爱，感受不到集体的温暖，反而所有人的眼睛都时时刻刻监督着他，就等待着一旦发现他的问题行为，便去批评或者报告。我想任谁都想逃离这里吧，哪怕只有短短的十分钟。卫生间私密的环境使小徐逃离了老师的监督和管理，开放的空间又可以让他说想说的话，做想做的事，因此，厕所便成了小徐的一片自由天地，也成了他持续不断引起他人关注的"战场"。

六、从"心"出发

如上文所述，教师观念是教师行为的先导。Pajares 指出：教师的教育观念影响教师的认知加工过程，比教师的知识更能影响其教学计划、教学决策和课堂实践。[4] 当我不断更新自己的认识，突然发现我对小徐有了很大的改观，心中不免也多了一些愧疚之情，之前的忽视、偏见让我差点失去了一个如此喜爱我的好孩子。特殊时期，我们虽然不能见面，但通过网络我一样可以给予小徐关心和关注。

如今，在网络上，我经常和小徐沟通，有时他会问我一些课上不懂的问题，有时他作业写得好我会在评论处写上几句文字作为鼓励。记得那天，他第一次主动私信问我问题，虽然是一个很简单的字，但看得出来他在很认真地思考。解释清楚问题之后，我对他说："你最近很有进步，要加油哦！"小徐高兴地说："谢谢丁老师的鼓励，我会继续加油的！"听着他稚嫩的声音，我能感受到他此时此刻的开心，我的心也感觉暖暖的，我和小徐心与心的距离仿佛又近了一些。

慢慢地，小徐完成作业的质量提高了，不仅是语文学科，数学、英语也常常能在表扬名单中看到他的名字；答疑时他与老师的互动也增多了，小组交流中也更加积极了。原来，小徐也可以做得这样好，我想他的优秀正在慢慢被大家发现。

当我自己写下这段故事时，仿佛经历了一趟心灵的旅行，不仅发现了一处新的风景，而且内心深处的某一块地方也有了一些新的变化，就像从讲台上走了下来一样，走到了小徐身边，走进了小徐的内心。

以往，我总希望他能听我的，现在我更愿意多听听他，多看看他，多发现他，用我的心去感受他那金子般闪闪发光的心。

参考文献：

[1][3] 庄爱平.“调皮”儿童的形成原因及教育对策[J].新疆石油教育学院学报，2005（6）:103-105，108.

[2] 庞丽娟，叶子.论教师教育观念与教育行为的关系 [J]. 教育研究，2000（7）:47-50，70.

[4] Pajares, M. F . Teachers' Beliefs and Educational Research: Cleaning Up a Messy Construct[J]. Review of Educational Research, 1992, 62（3）:307-332.

What makes us ignore his excellence: Exploring the Reasons Behind Students' Problem Behavior

DING Shan

(Beijing first normal affiliated primary school, Beijing100075, China)

Abstract: There are many causes for students' problem behavior. If teachers don't handle it properly, it may further lead to problems in home-school communication. The author takes a student's problem behavior as the main line, carries out action research by the way of narrative research and finds that the problem behavior of students is caused by many reasons such as tagging, home- school communication problems and teachers' impressions. Through practical analysis, the author is constantly aware of the possibility of educational change.

Key words: Problem Behavior, Home- school Communication, Teachers' Concept

（责任编辑：茶文琼　黄得昊）

我的"动物园"，谁的幼儿园
——"本能我"与"专业我"的磨合与共生

朱晨晓

（北京市宣武回民幼儿园　北京　100053）

[摘　要] 作为年轻教师，在日常的教学工作中会经历教育理念和本能反应的碰撞。教师应如何处理个体的本能反应与专业上的反思和提升的关系？经历工作坊的学习后，笔者学习到反思探究的方式，实现了专业发展与个体本能的悦纳。

[关键词] 本能　专业发展　行动中反思

硕士毕业后，我进入了一线幼儿园工作。和幼儿相处的过程，也是理论与实践碰撞的过程，这个过程中总会发生许许多多的小插曲，有些让人发笑，有些让人思考。九月的一天，在小班建筑区发生的一个小故事，就引发了我的自问和思考。

一、我的"动物园"

故事发生的当周，我在幼儿园某小班做临时配班。这个小班的教室分为两个房间，游戏区域设置不同，一个是美工区、益智区，一个是建筑区、娃娃家。区域游戏时间，班上的幼儿分成两组，分别在两个房间游戏，大约二十分钟后进行

交换。我大多在建筑区和娃娃家的房间进行游戏指导和观察。

这天，我正和几个孩子一起游戏，小班幼儿刚入学不久，对于建筑区还处在没有目标的搭建阶段。墩墩看到建筑区有好多动物模型，兴奋地跟我说："老师，咱们来搭一个动物园吧！"我心中一喜："孩子们开始有搭建的想法和目标了，好兆头！"

于是，我和孩子们一起搭了一个围合的圆形当作动物园的围栏，孩子们在我的引导下还用小块的积木将里面划分成一个个场馆，有大象馆、老虎山、长颈鹿馆……我心想："今天孩子们这个作品很成功啊，孩子们的实际体验和建筑区的操作相对接了，一会儿要请其他的小朋友一起来

作者简介：朱晨晓，北京市宣武回民幼儿园教师。

致谢：知之愈明，则行之愈笃；行之愈笃，则知之益明。衷心感谢工作坊的六位老师——深入浅出的陈向明老师、谆谆教导的欧群慧老师、娓娓道来的卢杨老师、体贴入微的任敬华老师、颜值才华兼备的王青老师和温柔又深刻的安超老师带来的一个个干货满满的课堂，感谢"爬山虎"小组的小伙伴们一同开展的一次次激烈的讨论，感谢工作坊所有小伙伴带给我的启发和建议。愿自己能在叙事研究的路上不断明知笃行。

欣赏欣赏。"就这样，我心里做好了计划，并暗自兴奋着。

交换时间到了，另一批小朋友过来玩建筑区和娃娃家。我心里惦记着这个"动物园"，对进了建筑区的几个小朋友千叮咛万嘱咐："你们一定要保护好这个动物园哦！"一看到他们有想碰这个积木的动作，我就过去啰唆两句。可当我在娃娃家指导游戏的那一小会儿，就听见建筑区传来一声："汽车开喽，呜——咣！"猛地一回头，"动物园"的围栏已经被推倒了，里面的动物歪七扭八的，再也没有动物园的样子了。我心里特别着急，对着拿小汽车的六六来了一句："你干吗动我的动物园啊？"

说完这句话，我心里马上一惊，我的反应是不是太激烈了？面对一个三岁多的孩子，语气是不是有点太凶了？这可不是一个老师该有的行为。看着六六有点不知所措的小脸，我心里愧疚极了，然后赶快放缓了语气，上前去抱了抱六六，故作轻松地说道："没关系，倒了就倒了吧。咱们一起把这个动物园再搭起来好不好？"可惜，这次的小朋友兴趣不在于此，他们更想玩开汽车的游戏。我整理了情绪，陪孩子们用积木铺起了"公路"和"赛道"。

可是之前那个画面一直在我脑海里盘旋着，更引发我思考的一点是：明明这是孩子们搭的"动物园"呀，我怎么会下意识说成"我的动物园"呢？

二、我是从哪里来的

我一边整理这个故事，一边展开思考。

每次区域游戏过后都会有一个分享的环节，孩子们可以分享自己的问题、发现和作品。分享环节也是丰富其他幼儿游戏经验的重要环节，在老师的引导下，孩子们可以发现"原来还可以这么玩"，玩得越来越丰富，孩子们身心也就悄悄地发展了。在我心里，当天建筑区的"动物园"是那么成功，简单的积木在孩子们的想象中和实际生活相对接，我特别想请他们在分享环节和班里所有的小朋友分享，这样孩子们在建筑区会有更多搭建的目标，也许是小区、超市、停车场、自己的家……有了这样的想法，这个"动物园"就成了我接下来预设好的一个内容。因此当它不复存在时，我心里急的不仅是这个作品被毁了，还有分享环节没有办法分享了，已经预设好的内容失去了作品的支撑，又需要做调整了。

随后，我和同事们分享了这个故事，大家的反应也各有不同。

老师A："这根本不叫事儿啊，我觉得你也没什么问题，是孩子还没树立好保护别人作品的意识，不必给自己增加这么大压力。"（嗯？我给自己的压力太大了？）

老师B："是不是受到班级环境的限制了，所以游戏的过程对于孩子来讲有不合理的地方，才会发生这种小插曲，可以把班级环境做些调整。"（对，这是一个好主意！）

老师C："我从来都没这么想过，一开始觉得你想得有点多，不过听了你的故事，我发现自己在工作中也经常会这样说话，比如'给我过来''我都说了……你还……'之类的，看来我也应该自己反思一下了。"（原来，这种现象并不是我的个例？）

老师D："你这反应，跟小朋友一样的！把自己也当成小朋友了吧！"（嘿！这个"动物园"是孩子提出的想法，我引导孩子们一起搭的，在为孩子们骄傲的同时，自己也挺有成就感，所以当它被推倒的时候，我也觉得心疼和着急了。）

作为新教师，同事们的实践经验都比我丰富，听了大家的看法，我意识到：我当时之所以着急，主要是因为我预设好的内容被打乱了，因为我下意识地把这个"动物园"当成了自己的。

理清这件事之后，大多数同事都认为这个故事并不是什么大事，只不过是游戏过程中的一个小插曲罢了。那为什么我自己反应会如此强烈，把它当作一个问题来处理呢？我为什么会对这个"我"如此在意呢？

回想自己当时的情绪，先是本能的生气，随后而来的是愧疚和懊恼。生气的是，嘱咐了那么多遍，"动物园"还是被推倒了；愧疚的是，不该反应那么激烈，对小朋友那么凶；而懊恼的是，幼儿本身兴趣各异，而且小班幼儿的社会性一直都在发展中，出现这样的情况实在再正常不过了。自己作为研究生，怎么能犯这么低级的错误呢，也太不专业了。

对的，我在意的地方在这里，是教育理念和本能反应的碰撞，进而产生了在学校学到那么多理论知识却在实践中没能很好地应用的落差感。

专业的我在处理这次"动物园事件"时本应更巧妙、更贴近幼儿，但本能的我却出现了生气、着急的情绪。虽然及时刹住了车，但这种情绪来源于哪里呢？怎么才能处理好这两个"我"的关系，让落差感小一些呢？

三、如何处理"本能我"与"专业我"的关系

我知道，这两者的关系必须处理好。我一直坚定地认为：幼儿园是"幼儿的乐园"，应该是儿童快乐成长发展的地方，应该是属于儿童的。如果总是"本能我"在先，那幼儿园又该是谁的呢？因此，两者的关系必须理一理。

（一）"本能我"的纠结与探寻

在一次叙事探究课上，我有机会和所有人分享了这个小故事，大家纷纷从自己的角度帮我分析。有位老师说道："我感觉通过这个故事能反映出教师教育观念上有一定问题，反映的是对孩子的掌控欲过强。"听到这话，我不自主地皱起了眉头，心里本能地感觉到抗拒，内心想的是："说我教育观念有问题也太严重了吧！"然后为自己辩解起来："其实我知道我不应该这么做，只不过当时没控制住自己，有点像是本能的反应。"接着另一位老师说道："我很欣赏的一点是，朱老师没有觉得这件事是对的，而是马上就反应过来自己不应该这样做，进而开展了反思，这说明朱老师还是有专业的敏感性。"听到这话

时，我赞同地点了点头。

之所以回想起这个片段，源于疫情期间在家和先生的一次讨论。忘了讨论缘何而起，先生说道："你特别不爱听到别人批评你。"我当下又皱起了眉头："我哪有？"先生说："你看，就像现在一样，一听到不太好的评价，你脸上马上就显露出不开心了。"我心里"咯噔"一下，会不会我给别人也留下了喜怒无常的印象？

先生接着说道："我理解你的情绪来得快去得也快，但容易让别人觉得你比较情绪化。可能因为你从小接受表扬比较多，一旦有人批评或者质疑你，你的反应都会有些激烈，比如马上为自己反驳，或者脸上表现出不开心。"

我沉默了，回想起工作坊上那一幕。当我听到别人不同的评价时，面部表情是不是也变化得非常明显呢？我跟先生分享了课上的这个小片段，先生分析道："每个人的评价都是基于自己的经验，也许正是你没想到的地方。你太爱自己给自己下判断，大家只是在帮你分析这件事情呀。"

听到这儿，我想起了读过的《被讨厌的勇气》："我们的很多心理困扰都来自社会和他人的期待和评价，正是这种评价体系，造成了人的骄傲和自卑。"[1]对于我来说，大概就是过于骄傲吧。

从小到大，我听到的表扬远远多于批评。作为家里的独生女，父亲在外工作的时间比较长，母亲主要陪伴在我身边。她是我的妈妈，同时也是很多学生的老师，虽然经常忙到没时间管我，但总是希望我能成为一个优秀的人，也就是现在的"别人家的孩子"。每次听到别人夸"这孩子从小就特别优秀"时，妈妈总是笑得很开心："还挺省心的，我都没怎么管过她。"仔细想想，正面评价谁不喜欢听呢？来自妈妈的认可则更让人渴望。虽然从小到大一直还算顺利，但大概是从小习惯了追求这种认可，再加上以研究生的身份参加工作后，总想在实践中得到同事的肯定，很担心别人会有"不过如此"的评价，所以我既有些骄傲又有些压力，对于负面的

评价本能地会有些抗拒。用先生的话说就是有些完美主义，总是想听到他人的认可，以维护自己的完美形象。结合"动物园事件"，"本能我"之所以会生气，也反映了自己掌控内的事物被打乱时的不冷静，过后的懊恼也是担心别人对自己会有不好的评价，也许也是一种过于追求完美的体现。

（二）"专业我"的反思与提升

经过"动物园事件"，我先是想到了课程预设与生成上自己存在的不足。当发生这种突发事件时，完全可以更加灵活地去处理，根据幼儿的需要和兴趣找到更好的解决方法，不断调整活动。我和几位老教师探讨了这个问题，总结出一些比较好的做法。比如：可以及时用照片或视频的形式记录下来和其他幼儿一起分享；可以分享新搭建的"高速公路"，这也是源于幼儿的兴趣；可以在活动区结束后和孩子们讨论应该怎么保护他人的作品；可以把活动区的形式做一定的调整，使其更适宜孩子们做游戏，等等。

我还想到了自己在这次"动物园事件"中作为教师的定位。《幼儿园教育指导纲要（试行）》中提出："教师应成为幼儿学习活动的支持者、合作者、引导者。"[2] 我很明白幼儿是在游戏中发展的，我在区域游戏中是以合作者的身份出现的，是幼儿的伙伴，和幼儿合作探究。当我把"动物园"作为预设内容时，我是引导者的身份，设计着接下来的活动。但作为一名专业的幼儿园教师，作为幼儿的支持者，除了为幼儿提供丰富的物质环境外，还应该关怀、尊重和接纳幼儿，在心理上给予幼儿充分的支持。而我当时的反应显然是过激的，并未对幼儿有足够的理解和接纳。

作为一名入职不到两年的新教师，我的实践经验还是太少了，深深地感觉到在面对课程中突发的小意外时，理论知识还需要更多的实践才能更灵活地去应用。如果脱离实践去谈理论，就只能轻飘飘地吹过去，而不是强有力地去改变了。

工作中，我了解到类似的事情并不是只在我一个人身上发生过。有些同事也意识到某些时候自己的本能情绪会以不恰当的方式带入专业实践，活动本应更贴近幼儿，却由于自己的目的产生了不恰当的情绪和行为。比如幼儿特别喜欢自己在班内美工区完成的作品，想带回家，老师却打算用这个作品来装饰教室，就直接拒绝了幼儿的请求。事后我们在讨论中，这位老师提出："回想起来，感觉孩子当时很受伤。太不合适了，我完全可以让孩子带回家，回头再做一个不就好了吗。"

经过讨论，我们都有了一定的启发。一方面，需要更加努力地提升和磨炼自己的专业，在实践中更好地运用理论；另一方面，也许可以反思内心深处的自己：是否太过追求完美？是否对自己不够自信？是否对工作的热情有所减少？对自己更好地理解和接纳，才能进而做出适合的调整。

四、"本能我"与"专业我"的磨合与共生

这样一个小故事在工作中并不起眼，但放到工作坊里一起分析，变成了对自我的接纳和人生追问，对自我的发现、自身的成长和改变是我最大的收获。想接纳自己，先要了解自己。面对那个过于追求别人认可、过于追求完美的自己，我学会了接纳，承认自己也会有缺点和失误，毕竟"人无完人"，尽自己最大的努力就好了，有些成长需要实践，也需要时间。

同时，工作坊的学习让我在专业上的提升是显而易见的，最重要的是我学会了反思。唐纳德·舍恩的反思性实践思想中提到了两种认知形式："行动中认知"和"行动中反思"[3]。正如了解专业理论的自己，有时候处于"行动中认知"阶段，在自己经验范围内的实践情境中我知道如何去做。但真实的实践是复杂、不确定、独特的，产生的结果往往让我意外。值得坚持的是我当下进行的"行动中反思"：起初，我出现了本能的反应，随即引发了自己对于这个事件的关注和

反思。结合事后和大家一起进行的"对行动的反思",我更好地了解了这种本能产生的原因,也反思了当时的行为,还思考了事后应该怎样更好地去做。这样的反思探究过程对我来说,实在太有意义了。

"动物园事件"过后,我对自己的行为更敏感了,更愿意去反思和调整自己;同时也更放松了,只要是在成长就好。又一次在建筑区,中班的孩子们搭了一个大飞机,结果有个小朋友从旁边经过碰到了,"咣当——哗啦",整个飞机散落一地。我"哎呀"一声,搭飞机的孩子气得直跳脚,撞到飞机的孩子站在一旁手足无措。虽然这架飞机也是打算分享环节给其他小朋友展示的,但这次不同的是,我说道:"哎呀,坠机了,太可惜了,突发事件!咱们一会儿跟小朋友们分享一下,一起想想办法,好不好?"我先是引导撞到飞机的孩子给建筑区的小朋友道了歉,然后请他们一起把散落的积木收拾起来,最后在分享环节请孩子们分享当下的感受。孩子们讨论说:"我们可以给建筑区设计一个小围栏!""咱们可以提前把设计图画好,这样即使塌了也能重新搭起来!""经过建筑区的小朋友一定要小心,不能

穿行!"瞧,孩子们的智慧是无穷的,我是不是也成长了一些呢?

"专业我"和"本能我"就像一枚硬币的两面,"专业我"的一面朝上,要做一个专业的教师,可面对不确定的实践环境,"本能我"的一面也有可能朝上。两者虽然有磨合,但最终还是同一枚硬币,还是共生的。教师也是有血有肉的人,有不恰当的情绪及时进行反思和调整,就会在实践中慢慢地成长。别忘了,和孩子在一起发自内心的笑容,也是一种本能啊。

在实践中提升"专业我",在人生中悦纳"本能我"。用好这枚硬币,应该能让我成长为一个更自信、更专业,同时也更爱自己、坦然面对人生的"我"。

参考文献:

[1] 岸见一郎,古贺史健.被讨厌的勇气[M].渠海霞,译.北京:机械工业出版社,2015.

[2] 中华人民共和国教育部.幼儿园教育指导纲要(试行)[M].北京:北京师范大学出版社,2001.

[3] 朱琼敏.唐纳德·舍恩的反思性实践思想及其对我国成人高等教育的启示[D].福州:福建师范大学,2007.

Conflict and Symbiosis Between Individual Growth and Professional Development

ZHU Chenxiao

(Beijing Xuanwu Huimin Kindergarten, Beijing100053, China)

Abstract: As a young teacher, in the daily teaching work, one will experience the collision of educational ideas and instinctive reactions. How to deal with the relationship between individual instinctive reaction and professional reflection and improvement? After the workshop learning, the author learns the way of reflection and inquiry, and realizes the professional development and the acceptance of individual instinct.

Key words: Instinct, Professional Development, Reflection in Action

(责任编辑:茶文琼 黄得昊)

在跨界学习中破茧成蝶
——求索一线教师的专业成长之路

冯国蕊

（北京市海淀区教师进修学校附属实验学校　北京　100097）

[摘　要]　笔者参加叙事探究工作坊并进行了为期一年的学习。本文采用叙事探究的研究方法对这段经历进行回顾与重塑，探究自己在跨界学习中的变化轨迹，并试图摸索出一条适合一线教师专业成长的道路。一线教师身处其中的日常教育教学生活由各种故事构成，但一线教师经常面临"一写文章就讲故事"的困境。从故事到叙事探究也许可以在一定程度上突破此困境，一线教师经历"生活、讲述、重新生活和重新讲述那些经验故事"的过程，对其赋予新的意义，重构对自我和世界的理解。

[关键词]　跨界学习　故事　叙事探究　教师

2004年从师范大学毕业之后，作为一名一线教师，我的继续教育从未间断。教师继续教育大抵有这样几种形式："萝卜炖萝卜"的校内研讨，外请专家提供的拼盘式培训，抑或暑假背起书包、重返大学校园的准研究生学习。2019年10月，我加入了北京教育科学研究院德育研究中心举办的第三期教师行动研究工作坊的叙事探究班。叙事探究班的教学团队由北京大学教育学院陈向明教授带领，另外还有5名教员，其中含学术助教、学习观察员和班主任。30余名学员主要是来自大中小学以及幼儿园的一线教师，还有部分教育教学研究人员和管理人员。教员与学员各自跨越自己的工作边界，进行为期一年的共同学习。本文采用叙事探究的研究方法对此次学习经历进行回顾与重塑，探究自己在跨界学习中的变化轨迹，并试图摸索出一条适合一线教师专业成长的道路。

一、关于故事：跨界加剧"失衡"

美国认知科学家罗杰·尚克（Roger Schank）说，人生来就理解故事，而不是逻辑。2006年我参加石景山区教委举办的故事大赛，故事从区教委讲到石景山区委，还上了区里闭路电视

作者简介：冯国蕊，北京市海淀区教师进修学校附属实验学校教师，副高级职称，北京师范大学教育管理专业非全日制硕士。

致谢：本论文的撰写要感谢我的学校派我来参加此次学习，大家一定不会想到这次学习经历是如此的超越预期。感谢工作坊教学团队的老师，你们每次都精心备课，带我们体验观察、访谈等研究方法。还要感谢"星河灿烂"小组的成员，我们每周进行热烈的小组讨论，互相碰撞、互相启发。所有的一切最想感谢的是指导教师陈向明老师，无论是观念层面还是方法层面，向明老师都在我愤悱之时给予我莫大的启发。

的直播。老教师也一直教导我："作为一名班主任，不会讲故事怎么行？"我在讲故事的路上一直修炼，自己就像拥有一个哆啦A梦的故事口袋一样，把日常观察到的先储存起来，需要的时候信手拈来。2015年我在参评北京市中小学"紫禁杯"班主任时，需要提交一篇关于班级管理的文章，这些宝贵的故事自然成为文章素材，但学校的博士老师在修改的过程中，大刀阔斧地梳理出一个新的框架，让它看起来更像一篇学术论文。我一时陷入一种"失衡"状态：我曾经珍视的故事，好像登不了学术的大雅之堂。在2017年学校举办的年会论坛上，来自高校的专家这样点评："震撼的是大家的汇报语言很丰富、很贴切、很动人，很少见到用这样生动活泼的语言做学术报告。"但最扎心的是接下来的这段话：

我接下来说的话可能不那么悦耳，这不是"书写的语言"，这看起来不像论文，更确切地说，它不是论文。大家要把经验的分享、实践的呈现转换成研究性的东西，中间可能有一段比较长的路，因为它们是挺不一样的两个思维模式和话语体系。对于前者，你会有很多的情感投入，会用到诗一般的语言；而后者需要用客观的、冷静的，甚至有一定距离的学术语言。当你穿越过这段旅程以后，你会发现你思考问题的能力有特别大的长进。再回过头看这段过往，你会发现自己锻造了另外一双眼，变成一个非常理性的实践者。

筹备2019年的学校年会论坛时，一位老师建议讲讲故事，领导不屑地说："是开个故事会吗？"于是我将自己读研的目标定为摆脱原来生动的、鲜活的语言体系，锻造一双理性冷静的眼睛。我带着实用型需求，慕名来到叙事探究班，我要学习迷人的质性研究。可是，在第一次的反思帖中，我"弱弱地"写下这些文字：

课堂伊始老师呈现了质性研究的那棵大树，大树上有民族志、现象学、常人方法学，可是我并没有找到"叙事探究"……

坦率地讲，第一次课后我是失望的，发现来自学术塔尖的高校教授要教我们如何讲故事，而且对我们见怪不怪的日常故事视若珍宝。我原

本立志要摆脱"一写文章就讲故事"的困境，跨越自己的工作边界，加入由陈向明老师主带、其他五位高学历教员辅带的工作坊，但是这种跨界加剧了我的"失衡"状态。

关于故事，我逐渐体悟到其独有的价值。人类自从能够交谈开始，就一直讲述着我们的生活故事。我们讲述的故事和我们存在的时间一样源远流长。简言之，我们以故事为生，我们也活在故事之中。日常教育生活更是由各种故事构成，只要身处一线教师的群体中，就会发现老师们茶余饭后聊的尽是课堂上的故事或是其他教育情境中的故事。有些故事已经沁入我们的肌肤，那些故事塑造着我们的思想和行为，那些故事在潜移默化地对我们起作用，那些故事会使我们想变成另外一个自己。[1]问题的关键在于我们是否能处于觉醒状态，敏锐地捕捉到那些貌似平淡无奇、已经被我们熟视无睹的故事，将其变为一个特定的、让我们想弄清楚的"惊奇"（wonder），继而不遗余力地探究其复杂的成因，阐释故事背后的意义，并创生各种解决问题的可能性。写得好的故事接近经验，因为它们是人类经验的表述，同时它们也接近理论。[2]

二、探究主题：交互激发"愤悱"

时至今日，我从教已近17年。最初的那些年，我比较喜欢从班主任的角度写教育故事。但随着教龄的逐渐增长，我对课堂教学的执着和敬畏不但不减，反而日益浓厚，所以我选择咬定教学故事不放松。但直至第五次写反思帖（此时课程已经过半），我仍然没有确定下来一个完整的故事。

故事已经升级到3.0版本，但是每次我都换汤，对于这个问题一直耿耿于怀，因为没有完成在1.0版本上的螺旋上升，但又隐隐约约感觉自己仍然在既定轨迹上，毕竟都是关于课堂教学的，只是三个不同的课例而已。今天陈老师抛出的composite case集合体的概念，其中北大"卓老师"的形象，一下使我困惑已久的问题释然了。

显然，我决定不再换汤，开始我的"乱炖"阶段。在写作故事的 4.0 版本时，我把五个教学片段乱拼到一起，其中有自己的课例，还有从课堂观察中捕捉到的教学事件。但在第五次小组讨论中，老师建议我从自己的课入手，不要试图合成，因为别人的课不好再去追问什么，而且也过去了。其实，我观察到的课堂片段，可能恰恰是我自己某一阶段课堂的真实再现，所以对于故事的选材我可以先打散然后再重组。

给我当头一棒的是，小组讨论时老师和同伴们纷纷怀疑我进错班了。于纯钢老师说我撰写的叙事《什么"石"可以激起课堂互动的"千层浪"？》更像一个教学案例，故事 4.0 版寻找到的"石头"是一个问题、一个情境、一个学生……可能无穷无尽，如果工作坊有课程与教学班的话，可能比较适合我。教学论的研究重点是教学这样一种活动究竟用什么样的方法、采用什么样的形式以及教授什么样的内容是最合宜、最有效的。它确实更贴合我叙事的主题。但作为一名有十几年工作经验的成熟型教师，对于教和学的内容，以及教的方式和学的方式，我已经驾轻就熟。我知道这不是我要探寻的故事主题。

"愤者，心求通而未得之意；悱者，口欲言而未能之貌。"愤悱是一种"将通未通"的临界状态。陈向明老师在小组讨论时的追问，将我推至这个临界点：这个"石"是一个招吗？不同的问题有不同的招吗？这些"碎石"背后共同的要素是什么？我意识到我的出口在于找到教学背后的教育意义。课堂上突发的一个事件、学生突然冒出的一个问题的确带有偶然性，但教师处理这类事件和问题的方式可能就蕴含着教育学的意义。"我们是否对课堂上发生的一切持有开放的态度，是否对学生充满婴儿般的好奇？"这句话让我突然开化。正如工作坊结业式中，我们在卡片上写给陈老师的话："您说的每一句话都在我们愤悱时启发到我们，您从来不推荐书单，但总在我们最需要的时候从您哆啦 A 梦的口袋里抛出一本好书！"就在这种有意创设但又貌似无意的交互中，我被推至"愤悱"的临界点，与我的故事主题相遇了。

的确，叙事最大的魅力和挑战，不是如我之前认为的那样，经历一个故事、发现一个故事，然后把这个故事的原貌呈现出来，而是对故事主题逐层深入的探问。如同小组成员何晓红老师在反思帖中所写的："再来看写故事之难，我觉得这个故事写的是自己一层一层剥洋葱的过程，横着剥，纵着剥，还得剥出教育学的意义来。"叙事不仅仅是记录与叙述故事，更是一种不断反思自身教育生活与实践的专业精神，以及对教师和学生在日常教学情境中教与学的交往、追问的过程。[3] 撰写的过程，就是在不断寻找存在于个人经验或者超越个人经验的以及社会背景中的主题。[4]

三、叙事探究："浸润"与"顿悟"中生成

在叙事探究工作坊结业式上，陈老师如是描述我们的成长和变化：

开始的时候，老师们写了一些故事，但是这个故事到底要讲什么呢？细节是不是生动？主题到底是什么？怎么来反思这个故事和自己生命历程的关系，以及和社会——文化结构的关系？感觉老师们很慢，从 1.0、2.0 到现在的 11.0。但是，就在结业式前几天，我突然收到几位老师的叙事，有一位老师是我辅导的那个小组的，我觉得她一直就没有进入状态，写的就不像故事。就在昨天早上六点钟，她又发给我一稿，我发现这一稿完全符合我心目中优秀教育叙事的样子。

陈老师提及的那名老师就是我。回顾整个工作坊的学习经历，"顿悟"之前我还经历了一个"浸润"的过程。工作坊总时长为 1 学年，每次 6 课时，合计 72 课时。开课时间为 2019 年 9 月，之后原则上每三周授课 1 次。表 1 为 12 次的学习主题，课程结构清晰流畅，但我们置身其中时也会有"不知老师葫芦里卖的什么药"的混沌与茫然。

我共提交个人课后反思帖 8 次，合计 4400

表1　北京市首届教育科研骨干高级研修工作坊叙事探究班的历次学习主题

时间	主题	时间	主题
2019 年 9 月 19 日	一线教师为什么也要做研究？什么是教育叙事探究？	2020 年 1 月 14 日	如何进行初步资料分析和深度访谈？
2019 年 10 月 8 日	选题：从起点出发寻找真实问题	2020 年 4 月 6 日	深入分析，凸显主题
2019 年 10 月 29 日	研究问题的澄清	2020 年 4 月 28 日	如何发掘和凸显叙事的"冲突点"？
2019 年 11 月 19 日	聚焦研究问题，丰富研究资料	2020 年 5 月 26 日	如何突破叙事探究的瓶颈？
2019 年 12 月 10 日	围绕研究问题收集资料	2020 年 6 月 23 日	叙事探究中的成长
2019 年 12 月 24 日	如何通过访谈和观察收集资料？	2020 年 9 月 19 日	教师视角下科研成果的凝练与表达

余字。本小组共进行 11 次小组讨论，小组全员参加，每次讨论 1.5 小时以上，最长的达 4 个小时。共形成 2.3 万余字的小组讨论记录。分析所有小组讨论记录的过程中，我把前四次标记为"有手就行"的小组讨论，大家聊一聊最近的困惑、研究的进展。直到第五次，陈老师发起"开一个长一点的会议"的倡议，对每位老师的故事主题、冲突点、故事细节等逐一进行讨论。第五次小组讨论是我学习轨迹中的一个转折点，我突破了"愤悱"状态的临界点，找到了故事的主题意义，找到了那块"石"，于是我在小组微信群里语无伦次地发了这样的信息：

我现在感觉特别有成就感：首先，我找到了我自己内心的冲突；其次，我那些碎片化的片段找到了共通的东西；最后，故事的主题都超越了我的预期，really really unexpected！上午开完那么有收获的小组讨论，一天都特别开心，跟那种欠着好多活儿、心塞塞的感觉恰恰相反的一种心里亮亮堂堂、满满的成就感的感觉。

当天下午，我就大刀阔斧地将故事升级至 5.0 版本，自己忍不住通读好几次。大言不惭地说，我被自己的文字感动了，还忍不住把文字分享给自己的诤友（critical friend）①阅读。现在把 12 个版本的故事放在一起对比，我发现自己在 5.0 版探寻到故事的主题意义的基础上，立了四个小标题，适时地标记"我走到哪里了"。在分析最初的困惑与挣扎时，我加入了社会结构的因素，让自己跳出当时课堂上的复杂情境，从社会结构层面系统地看问题。最后的结论部分，在"一股脑地倾泻"的基础上，我从原来比较宽泛的分析中提炼出三个核心概念。其中一个研究结论，从最开始有感于工作坊中老师的讲授，到理解透彻，再到结合自己的思考和实践并用语言清晰地表达出来，历时一年之久。

叙事，是根据故事展开的思维过程；[5] 探究，是一种从无序和零散状态中理出秩序和统一性的思维创造。探究者进入探究空间，开展探究，到结束探究，自始至终都和参与者一起生活、讲述、重新生活和重新讲述那些经验故事，探究者对其赋予新的意义，重构对自我和世界的理解。[6] 回看历时一年的写作过程，我经历了一个生活于我的日常教学生活、讲述我的教学故事、再生活和再讲述的过程。而故事的探究空间到底有多大，取决于我们目及多大的生活空间。故事有时间、

---

① 阿纳斯塔西娅·P. 萨马拉斯（Anastasia P. Samaras）在《教师的自我研究》一书中提到"诤友"一词，指研究者信任的同伴，来自同一学科或跨学科、同一年级或跨年级、同一学校或跨学校，与研究者相互信任、彼此支持，批判性地倾听并给予研究支持与反馈。

地点、人物、事件等几个要素，更多的是此时此地发生了什么，但我们在讲述时需要将其放置于叙事探究者或叙事参与者的整个生活空间之中。我们把生活空间看作一个三维空间：时间维度、地点维度、个人—社会维度。[7]

关于时间维度。时间川流不息，来自过去、流向现在又奔向未来。哲学家赫拉克利特说：一切皆流，无物常驻；人不能两次踏进同一条河流。[8]延时摄影拍摄到的太阳东升西落、冬去春来、花开花落，形象地说明了时间的流动性，这就要求探究者开展回溯性和展望性的思考。

关于地点维度。人在不同的地点启用不同的行为模式。社会学家戈夫曼认为，许多社会生活都能分为前台和后台，后台允许人们"不敬、抱怨、衣着随便、懒散地坐着或站着、咕哝或大叫"。[9]在叙事探究中，探究者须选取相关的一系列地点，以确保参与者在探究中可以得到公平而且正确的对待。

关于个人—社会维度。要求探究者不仅要审视内心，而且要观察外界，即要倾听自己内心的声音，注意我们的诸多情感、我们的审美反应、我们的道德回应。[10]在个人与社会之间移动，意味着我们还要认识到，人们几乎总被卷入社会互动中，在这种互动过程中，人们对别人采取行动，或者对别人的行动做出回应[11]。也就是说，人们在社会环境中相互作用、相互影响。

沿用上文对故事的"洋葱头"隐喻，叙事探究需要把这个洋葱头置于三维空间中，从时间、空间、个人—社会三个维度进行"解包"（unpack）。

没有人会毫无改变地离开一项叙事探究。用叙事的方式思考教育事件，是此次跨界学习对我的影响之一。在本次叙事探究中，我的收获是：面对复杂的问题情境，不简单粗暴地归咎于他人，亦不太过苛责地归咎于自己，能够把不同的利益相关者带入情境；能够试着跳出问题，客观地审视彼此的生活空间，理性地分析此时此地我们相互嵌入的空间；用系统的思维，综合小环境、中环境和大环境，从整个社会结构看待问题；对于问题的解决（solution），如同"大量的液体，起着泡，冒着烟，包含了你所有的问题，这些问题要么被溶解，要么沉淀下去。问题永远不会彻底地消失，也不能被一劳永逸地解决"①。这让我对问题有了一种新认识，不总是偏执于把问题尽快解决掉，抑或仅凭一己之力去促成改变。

此外，叙事探究对我产生的更大的影响，在于改变了我的儿童观和学生观。在回看第六次的反思帖时，我如是批注："访谈技巧的背后，实则挑战我对于人的基本假设。"

这次课上学习了访谈的技巧：三个 P，第一个 P 代表 pause，第二个 P 代表 probe，第三个 P 代表 paraphrase。上课的练习总是让我迫不及待地要去真实情境中体验。但是回到真实情境中，现实和想象的又不太一样。那天我访谈两名学生，其实特别想知道他们的成长经历，但是最后变成一对一的盘问，有点像警察在做笔录。回到家里，面对自己的孩子进行访谈，就更变了味儿，根本就不是访谈，而是变成了一顿训斥，加之没有回应的沉默。

我忍不住追问自己：我到底如何看待在工作生活中与我日日相处的学生？现在，我将其视作生命与生命的相遇。的确，他们在成长道路上需要我的帮助，但我也需要他们的活力来更新我自己的生命[12]。与学生一起讲述、共同谱写我们生活于其中并且赖以生存的故事，师生共同完成一个不断跳出身外看自己、觉察自我、修正自我的过程。简而言之，在不断讲述和解释中获得意义和新的活法。

四、涟漪效应：更大的群体有待被激发

陈老师在工作坊成果汇报会的开幕致辞中这样说道：经过大家一年来共同的努力，她发现一大批老师产生了令人意想不到的飞跃式发展，

---

① 乔治·莱考夫（George Lakoff）在《我们赖以生存的隐喻》中将"问题的解决"如是作比，叙事探究班教员安超老师在第六次面授课时与大家分享过"隐喻"在叙事中的作用。

说她感受到了生命创造性的喜悦，感觉自己的学术生命也得到了激发和延续。新加坡南洋理工大学国立教育学院副教授方燕萍老师在点评时的追问发人深省：我们工作坊的学员带着这些转变来生活了吗？个案能推及班里的其他孩子吗？我们的收获只限于个人和自己的班级管理吗，能延伸到学校里的其他老师吗？

两位在学术界享有盛名的大学老师，希望自己的学术生命延续至何处？又期待此次跨界学习如何引起更大的涟漪？这促使我开始主动求索教师专业成长之路。

教师置身于教与学的交互过程中，各种各样的教育改革最终要由教师去实施。[13]但一线教师长期处于失语状态。①以本人所在年级的19位教师为例，表2呈现了教师年龄和职称的分布情况。在中国知网的搜索栏中逐一输入我所在年级教师的姓名及目前的工作单位，只搜索到同一位老师在学术期刊上发表的两篇成果。从我校的情况来看，一线教师之间的智慧传播大部分还是口耳相传，诸如上文提到的学校的年会论坛，或者校际交流分享，抑或本校教师到外地的支教送课，还有接待外地校长团或研修团到我校的来访学习。老师们撰写研究成果的意识也比较强烈，多半会在学校转发某级教育学会的论文征集通知时纷纷投稿。投稿的结果有两种：一种是石沉大海，教师要么越挫越勇，要么逐渐销声匿迹；另一种是换来一纸证书，待到职称评定时，职评小组根据右下方的红章级别来决定加分情况。至于论文的内容，基本无人问津，校内同事一般也无

缘拜读，更何谈对同行起到更大的辐射作用。更为可惜的是，一大批即将退休的优秀教师的教育智慧，将随着教师本人的退休而在教育实践界逐渐消逝。

一线教师在学术平台上公开发表声音的现状确实不尽如人意，究其主要原因，上文提到2017年学校举办的年会论坛上点评专家指出的两点值得思考，即"经验的呈现"和"书写的语言"。下面就这两点展开讨论。

（一）经验的呈现

杜威把一个普通的词——经验，转换为教育者的一个研究术语，给我们提供了一个得以更好地理解教育生活的术语。[14]经验总是超越我们的所知，并且难以用一个句子、一段话或一本书表达清楚。[15]教师在处理特定的复杂教育情境时，是在调动其所有经验积累去应对，而且教师的教育教学行为在达到炉火纯青的境界时，几乎都是一种难以言说的、直觉的行动。[16]要想将众多零散且隐蔽的日常教育经验清晰地呈现于世人前，绝非易事。叙事探究者不会试图将经验"沼泽"的水排干，相反，他们会试图将沼泽里混浊不清的水变得更加具有催生能力，这样的话，就有可能使它成为不同的沼泽。[17]

叙事探究不是简单的经验呈现，尽管叙事本身是经验呈现的最佳方式。叙事探究对于经验的表述是别具匠心的。[18]这种别具匠心就体现在经验的两个特征上。首先，经验具有连续性（continuity），也就是说，当下的经验来自其他经验，而且导致未来的经验。无论一个人处在经验

表2　本年级教师的年龄和职称结构

年龄 职称	30岁以下	30~39岁	40~49岁	50岁及以上
中学二级	1	6	2	
中学一级			5	
副高级		1	2	2

---

① 引自本期陈向明老师的文章《教师的顿悟式学习是如何发生的》。

的现在、过去还是将来，每一个点都有过去的经验基础，都会导致经验性的未来。其次，经验具有互动性（interaction），这表明经验不仅是个体的也是社会的，亦即上文提到的三维叙事探究空间的时间维度和个人—社会维度。叙事中的我们在个人和社会之间移动，同时思考过去、现在和未来，而且把这些都置于广泛的社会环境中。[19]

（二）书写的语言

一位同事在校会上分享自己一学期的研究成果时，用到这样的语言："倾听学生的不明白。"回帖的老师点评道："一句朴素的语言中蕴含着丰富的内涵。"的确如此，学生能知道自己哪里不明白，并能勇敢地说出自己的不明白，教师还能认真倾听学生的不明白，这不正是一线教师人人向往的开放、包容、支持的教学氛围吗？

2017 年学校年会论坛的点评专家主张书写的语言要"客观、冷静甚至有一定距离"。正如客观主义所宣称的，我们只有保持距离才能更好地认识事物，如果我们离它太近，我们主观生命中不纯洁的成分就会污染那个事物。[20] 关于书写的语言，德国哲学家哈贝马斯也如是表达其观点："修辞要素仅仅适用于诗意表达，如果将真正的理性研究置于修辞领域，必然会导致理性批判之剑失去锋芒。"[21] 教师身处其中的日常教育教学生活就是这样生动地发生着，可以说"这就是世界存在的方式"。[22] 一线教师不仅经历教育事件，还目睹参与人的动作、表情等，教师嵌入整个过程之中，因而很难屏蔽掉个人的感受和情感，仅仅做一个客观的研究者。只有丰富、贴切、动人的语言才能逼近经验和实践本身，呈现日常教育生活的本来面貌，尽可能接近各种事实的真相。这样的语言更容易点亮个人或群体在此历程中的那些常常被理论语言遮蔽或删除掉的"生命颤动"。[23] 此外，只有在尽可能深描细节的基础上做的主题探究、意义阐释和理论生发才是有源之水、有本之木。简而言之，叙事因其通俗易懂的语言、似曾相识的事件和震撼心灵的

主题，能够让教师很快产生共鸣，引发思考。[24]

期待更多同行讲述、重新讲述那些涉及成长和变化的故事，重新讲述那些能够导致觉醒和变迁的教师和学生的故事，以引起教师实践的变革。[25] 也期待高校学者与一线教师进行更多的跨界与融合，探索教师专业成长的多元途径。

参考文献：

[1][6][10][15][17] D. 瑾·克兰迪宁. 进行叙事探究 [M]. 徐泉，李易，译. 重庆：重庆大学出版社，2015：26，11，37，8，228.

[2] 康纳利，克莱丁宁，丁钢. 叙事探究 [J]. 全球教育展望，2003（4）：6-10.

[3] 丁钢. 教育叙事研究的方法论 [J]. 全球教育展望，2008（3）：52-59.

[4][14][19][22] D. 简·克兰迪宁，F. 迈克尔·康纳利. 叙事探究：质的研究中的经验和故事 [M]. 张园，译. 北京：北京大学出版社，2008:140，3，4，21.

[5][7][13] 许世静，F. 麦克尔·康纳利. 叙述探究与教师发展 [J]. 北京大学教育评论，2008（1）：51-69.

[8] 周濂. 打开：周濂的 100 堂西方哲学课 [M]. 上海：上海三联书店，2019：47.

[9] 安东尼·吉登斯，菲利普·萨顿. 社会学 [M]. 赵旭东，等译. 北京：北京大学出版社，2015：298.

[11] 戴维·波普诺. 社会学 [M]. 李强，等译. 北京：中国人民大学出版社，2007：129.

[12][20] 帕克·帕尔默. 教学勇气：漫步教师心灵（十周年纪念版）[M]. 吴国珍，等译. 上海：华东师范大学出版社，2014：43，45.

[16] 陈向明，等. 搭建实践与理论之桥——教师实践性知识研究 [M]. 北京：教育科学出版社，2011：10.

[18] 丁钢. 教育叙事的理论探究 [J]. 高等教育研究，2008(1)：32-37.

[21][23] 丁钢. 教育研究的叙事转向 [J]. 现代大学教育，2008（1）：10-16.

[24] 陈向明. 教育叙事对教师发展的适切性探究 [J]. 教育研究与实验，2010（2）：26-32.

[25] 丁钢. 教育经验的理论方式 [J]. 教育研究，2003（2）：22-27.

Seeking the Way of Professional Development of Teachers

FENG Guorui

(Experimental School Affiliated to Haidian Teachers Training College, Beijing100097, China)

Abstract: The author once participated in the narrative inquiry workshop for a year. This paper uses the research method of narrative inquiry to review and reshape this experience, explores the changing track of author' s cross-boundary learning, and tries to find a path suitable for the professional growth of teachers. The daily education and teaching life of teachers consists of various stories, but teachers are often faced with the dilemma of "writing articles like telling stories". The transition from story to narrative inquiry may be able to break the dilemma. The teachers experience a process of "living, telling, re-living and re-telling those experiential stories", endowing it with new meanings and reconstructing their understanding of themselves and the world.

Key words: Cross-boundary Learning, Story, Narrative Inquiry, Teacher

（责任编辑：茶文琼　黄得昊）

（上接43页）

An Analysis on the Realistic Dilemma and Transformation Mode of Ideological and Political Education Discourse

CHEN Mingqing

(No.1 High School of East China Normal University, Shanghai 200086, China)

Abstract: Under the control of the mainstream ideology, the ideological and political education discourse is used by educators and educates to communicate in the practice of ideological and political education, so as to construct a verbal symbol system with the relevance of ideology, value orientation and behavior representation between educational content and educational subjects. This paper attempts to explore the practical dilemma of ideological and political education from the perspective of discourse, and explore strategies to improve the effectiveness of ideological and political education from the perspective of discourse, so as to provide some new perspectives, new ideas and new thinking for further promoting the innovative development of ideological and political education.

Key words: Ideological and Political Education, Discourse, Transformation

（责任编辑：周琛溢　谢娜）

从规范到赋能
——上海市基础教育教师培训 30 年

李永智[1] 杨 洁[2]

（1. 上海市教育委员会 上海 200001；

2. 上海市师资培训中心 上海 200234）

[摘 要] 教师培训工作的有序、高效和创新发展是上海基础教育质量高水平发展的保障。30 年来，上海基础教育教师培训工作经历从规模发展到内涵发展的转变，伴随着社会时代背景对教师队伍建设的要求，不仅注重制度建设、多元培训路径建设，更逐步关注教师培养分层分级结构化培训目标的设计和精准化培训内容的供给。尤其在新时期，上海基础教育教师培训工作构建"教、研、修"一体的研学机制，将教师的学置于培训工作的首位，创新学习空间、学习模式、学习平台和学习机制，引导教师成为培训内容的主动学习者、培训课程的自觉建构者、培训合力的共同体实践者和培训经验的推广输出者。

[关键词] 教师培训 基础教育 发展历程

教师是立教之本、兴教之源。[1]上海教师培训根据上海基础教育"先一步、高一层"的整体改革发展追求，聚焦教育教学需求和教师能力提升，为上海市整体教育质量的高水平发展提供了有力保障。1991 年到 2020 年，从"八五"到"十三五"，30 年来，上海的基础教育教师培训取得了令人瞩目的成就，回顾和审视这 30 年的发展历程，无疑对于今后的教师培训工作具有重要的指导意义。

在这 30 年间，上海的基础教育教师培训经历了从规模发展（制度化、多元化）转向内涵发展（结构化、精准化）的历程。"八五""九五"期间以教师学历补偿教育为主，并且开始从宏观层面设计教师培训制度，以"240""540"培训为标志，"教师需要不断学习"的理念逐步深入人心。"十五"至"十一五"的十年，上海教师培训开始进入后学历时代，培训重心转移到教师本体知识和专业能力的提升，从有到优，围绕培训的有效性探索了多种模式与做法，教师培训的结构化层级初具端倪。"十二五"和"十三五"期间，上海的教师队伍建设聚焦三个"转变"，即从注重育分转变为注重育人；从注重教师如何教好转变为如何使学生学好；从注重教师单一的站稳课堂转

作者简介：李永智，博士，上海市教育委员会副主任。

杨洁，上海市师资培训中心副研究员，上海师范大学比较教育博士研究生，主要从事教师教育政策研究。

变为注重以基于提高教师课堂实践能力为主的专业境界、专业能力和专业知识。通过努力,上海基本形成了较为完备的教师培训体系。新时期,上海教师队伍建设围绕上海教育综合改革,创新教师管理体制机制,以师德和专业能力建设为重点,全面加强教师队伍建设,为上海教育事业改革发展提供了有力支撑。

一、"八五""九五"教师培训逐步走上规范化、制度化轨道(1991—2000 年)

1985 年《中共中央关于教育体制改革的决定》颁布,第一次明确提出在全国有计划有步骤地普及九年义务教育的任务。1985 年 8 月,上海市第八届人民代表大会第四次会议通过《上海市普及义务教育条例实施细则》(1986 年 8 月 29 日由上海市人民政府发布)。在这样的背景下,上海市教育界围绕教育本质、教育目的、教育功能等主题,开展了全市范围的教育思想大讨论,确立了"先一步、高一层"的教育发展战略思想。

1985 年底,原上海市教育局根据上海教育事业发展"先一步、高一层"的战略思想,结合中小学教师学历达标率不断提高的情况,对已经具有合格学历的中学教师进行大学后继续教育试点,使得中小学教师的职后培训工作向"既有学历教育,又有继续教育"的"双轨制"方向发展。经过四年反复酝酿修改的《上海市中小学教师进修规定》(以下简称《规定》),于 1989 年 12 月以上海市人民政府 21 号令的形式正式签发。这是中华人民共和国成立以来,我国第一部以地方行政法规形式颁布的有关教师培训进修的文件,标志着上海市中小学教师在职培训制度的建立已经得到了相关政策法规的支持与保障。《规定》中有几点特别值得关注:明确规定了中小学教师进修分为教师职务培训、新教师培训、合格学历或文化专业知识合格证书的培训、第二学历或高一层次学历的文化专业知识培训四类;明确规定教师进修时间每五年累计应不少于 240 学时,其中,具有中学高级职称的教师,每五年应有 540 学时的进修时间。

《规定》奠定了上海市中小学教师继续教育规范化、法制化发展的基础,教师继续教育全面推开。

(一)步入规范化、制度化建设的轨道

"八五"期间,上海市教委为了适应中小学教师继续教育在全市范围内全面推开的形势,根据《规定》有关内容,着手进行了一次全市性、两次区域性的教育调研活动,并在此基础上,制定了开展中小学教师继续教育、加强中小学教师职务培训教务管理、加强教师进修院校继续教育工作等一系列关于中小学教师继续教育的文件,[2]"依规依法施训"的理念贯穿培训的各个环节。如在第一轮教师培训中有 11.94 万人按相关规定完成了受训任务,完成率达 99.4%;尚未完成相应进修任务的 661 人被取消了晋升资格或职务续聘受到影响。这在全国引起了强烈反响,使上海市中小学教师的继续教育工作备受瞩目。[3]它表明上海市中小学教师继续教育已经被纳入规范化、制度化的轨道,教师职后培训工作已经进入了"有规可循、有法可依"的依规培训、依法行政的新阶段。

(二)启动高一层次学历教育提升计划

依据上海市人民政府关于上海市中小学(幼儿园)师资队伍建设"先一步、高一层"的要求("八五"期间高一层次学历:小学专科、初中本科学历达到 80%),原上海市教育局组织华东师范大学、上海师范大学等高校,1994 年开始启动了"电视教育、业余面授、自学考试"相结合的形式提升中小幼教师学历计划(简称"三结合培训")。"三结合培训"学制为三年,专科招生至 2000 年结束,开设 11 个专业,共注册学员 39 878 人;本科开设 20 个专业,共注册学员 21 038 人。截至 2007 年 12 月底,大学专科毕业 33 369 人,毕业率为 83.68%;大学本科毕业 16 834 人,毕业率为 80.02%,毕业学员获得上海市成人高等师范学历培训自学考试相关毕业证书。未毕业学员发放"三结合培训"考核课程成绩单,至 2008 年 6 月,下发未毕业学员已考核课程的成绩单,专科共 3555 份,本科共 1780 份。该项工作于 1994 年开始,至 2007 年结束,为上海中小幼教师专业发展和学历提升发挥了积极作用。

（三）形成全员培训的局面

1997 年，基础教育全面实施《上海市中小学、幼儿园教师培训工作"九五"计划和 2010 年规划》，上海市中小学教师职后培训进入了全面深入的大发展时期。根据上海市中小学教师队伍的现实基础与实际需求，与时俱进地调整教师职后培训的管理办法、培训方法、培训内容等，在培训工作实践中全面落实"九五"提出的"全面开放，按需施教，分级负责，科学管理，讲求实效"的工作方针，中小学教师职后培训工作中"依规依法施训"的观念较之"八五"进一步增强，而且形成了全员培训的体系。全市中小学教师分别接受了教师职务培训、新教师培训、中青年教师骨干教师培养、高一层次学历培训、干部培训，以及特殊教育教师资格证书培训和心理健康教育专职教师持证上岗培训等。全员培训使广大中小学教师的业务素质和思想政治素质有了较为明显的提高。

经过十年的快速发展，建立了中小学幼儿园干部、教师培训规范制度，形成了全员性的干部、教师培训体系，架构了从市、区教师培训机构到学校（幼儿园）的三级培训网络，"教师需要不断学习"的理念逐步深入人心。

二、"十五""十一五"教师培训进入多元化发展阶段（2001—2010 年）

进入 21 世纪，我国进入了一个平稳而又高速发展的时期。2001 年国务院发布《关于基础教育改革与发展的决定》，首次在国家层面使用"教师教育"概念。2004 年《教育部关于加快推进全国教师教育网络联盟计划，组织实施新一轮中小学教师全员培训的意见》的出台，为构建中小学教师继续教育体系和制度框架奠定了坚实基础。在此背景下，上海市基础教育教师培训也进入了深入、创新、多元发展的 10 年。

"十五"时期，上海市教师培训是在全面推进素质教育、实施新一轮课程教材改革大背景下进行的。这一阶段的主要特征是：从宏观层面看，我国已从国家战略的高度关注教师培训，把教师专业发展与全面实施素质教育关联在一起，同时将教师继续教育与构建终身学习体系紧密地联系起来；从微观角度看，教师在职培训的内容更加关注教师基于新一轮课程教材改革的专业化发展，关注探索教师培训的多元模式。进入"十一五"时期，上海市创新师资队伍建设机制，坚持把"教师发展为本，教师有效学习为中心"作为新时期教师培训改革、教师队伍建设的基本理念，培训重心转移到教师本体知识和专业能力的提升上。[4] 从有到优，围绕培训的有效性探索了多种模式与做法，其基本标志是多元化的教师培训模式开拓、培训制度的开创和实践，初步形成教师培训体系结构框架。

（一）全员培训提升全体教师的师德水平和实施素质教育的能力

2006 年组织全市教师和教育管理人员围绕"新理念、新课程、新技术和师德教育"的内容要求进行全员培训。全市共有 12.5 万余名中小幼教师和教辅人员参加培训，观摩课改专题讲座的完成率达到 99.5%，课堂教学展示课观摩完成率达到 97.6%，在线测试、教学设计和课堂教学点评的完成率分别达到 99.4%、98.8% 和 98.9%。通过本次全员培训，全体教师进一步理解和掌握了课改的理念和实施策略，对课程资源的开发、教学方式、评价方式有了更准确的把握，为全面推进"二期课改"打下较为坚实的理论和方法基础。

（二）建立暑期校长千人大培训制度

为提高校长办学能力，深入推进教育改革，2002 年起，上海市确定每年暑期举行全市中小学校（园）长暑期专题培训。培训围绕当年的教育改革中心工作确定主题，结合实际，突出重点。在培训形式上，集中与分片相结合、现场报告与网络视频相结合、座谈讨论与上网发帖相结合。校（园）长暑期专题培训已经成为上海教育的一大特色，对转变校（园）长的办学思想、规范办学途径、促进其专业化发展起了很好的推动与促进作用。

（三）名校长名师培养工程注重出人才、出经验、出成果

上海市教委于 2004 年出台《关于"上海市普

教系统名校长名师培养工程"的实施意见》，2005年又推出《上海市普教系统名校长名师培养工程实施方案》。在此基础上正式启动"上海市普教系统名校长名师培养工程"（以下简称"双名工程"）。为改变以往课堂培训的单一模式，"双名工程"采取基地和高级研修班相结合的培训模式。由多年从事教学与学校管理工作并且在本市有相当影响力的专家担任基地主持人，由基地主持人组建培训团队，在团队构建中，撤除地域、单位藩篱，优化组合。学员的招收，采取基地与学员双向选择的方式。培训内容侧重于解决学员在教育中遇到的实际问题，求实避虚，强调理论与实践、交流与分享相结合。通过培养基地、高级研修、课题研究、高峰论坛、教学展示、文库出版等方式，为名校长、名教师培养对象创设专业成长的环境和氛围，为他们搭建展示和交流的平台。

（四）加大城乡一体化新农村建设，对郊区教师开展专业水平提升培训

为了贯彻中共中央关于"新农村建设"的战略举措，落实《上海市教育委员会关于推进新郊区新农村教育改革和发展的若干意见》，上海市从2008年起启动"新农村教师专业发展项目"，开展学段学科全覆盖的培训，采取政府购买服务形式，由相关高校为农村学校教师量身定制开发课程，全面提升农村教师专业水平。2008年至2010年，已开发涉及25个学科的295门文本课程和291门网络课程，培训了886名各学科的培训者，23 455名中级职称以下的教师参加了面授培训，4062名教师参加了远程培训。同时，针对不同教龄的骨干教师开展专项培训，对农村职初教师、5年期青年教师和10年期成熟型教师，分别制订不同的培养计划，惠及1108名骨干教师。针对不同需求的教师开展专题培训，从2007年10月至2008年4月，对10个郊区县448所农村中小学的3万名教师开展教育技术能力（中级）培训；2007年，从崇明、奉贤、金山、原南汇、松江、青浦六个郊区县中推荐200名班主任参加中小学班主任远程培训项目；2002年起实施远郊区县英语教师暑期强化培训项目，共

有953名小学英语教师参加了培训。

（五）启动教师专业发展学校建设

2009年，基于一部分学校的教师专业成长比较突出，形成了比较成熟的校本培训经验，且具备了一定的对外示范、辐射能力，上海市启动了教师专业发展学校建设，突显两个功能：首先"肩负多重任务"，促进教师、学生、学校三方的共同发展；其次通过学校的教师专业发展活动示范、经验提炼，寻找有效、实用的途径与方法，帮助教师克服专业发展的瓶颈，得到更符合其发展需求的个性化专业发展指导。在实际运作中，市区两级教育行政部门每年投入专项资金，同时给予专业发展学校以编制和职称等方面的政策倾斜，确保其正常运转。全市共有116所市级教师专业发展学校，均匀分布在17个区（县），为上海市学校层面在教育教学实践中促进教师专业发展发挥了巨大作用。

（六）利用国际优质教育资源，引进国外教师培训项目

上海市在不断探索教师培训模式的同时，放眼世界，关注国际教师培训的动态与发展，积极引进优秀教师的培训项目，如英特尔未来教育项目、上海英语教师提高项目（SETIP）、美国加州影子校长项目、影子教师项目。这些项目的实施不仅为上海市培训了一定数量的校长、教师，更重要的是对教师培训的理念、内容、方法、手段和管理产生了很大的影响，对中小学的教育教学管理和课堂教学改革产生了重大的影响。

（七）构建全市教师培训资源联盟

为充分调动各类教师培训机构的积极性、主动性和创新性，使其高质量、高效率地开展教师培训，"十一五"期间，上海市对全市教师培训资源在培训机构、课程建设、专家队伍、信息平台等方面进行整合，为全市教师的学历培训和非学历培训提供强有力的支持。联盟的构建，不仅盘活了各类优质资源，同时也为培训模式的创新打下了基础。如师范大学聘请具有丰富实践经验的中小学校长、教师担任特聘教授，参与师范生的培养，把一线的生动案例与热点思考带进大学课堂。同时，高校深度介入各类中小学校长、教

师培训，使得中小学教师培训更加丰富精彩。随着各类培训项目的深入开展，资源联盟已日益显现出其独特的生命力，资源共享这一重要理念，也越来越体现在培训工作的各个方面。

第二个十年，围绕《上海市基础教育教师队伍建设"十一五"规划纲要》，上海市基础教育教师培训整合全市各类教师教育资源，统筹规划，以需求为导向，创新教师在职教育服务体系，名校长名师培养工程为造就未来上海基础教育领军团队打下扎实基础，农村教师培训有力促进城乡教育均衡发展，全面关注各类教师培训取得新的进展，教师专业发展学校、校本研修成了教师在实践中提高水平的有效途径。[5]

三、"十二五""十三五"教师培训转向内涵建设（2011—2020 年）

2010 年，《国家中长期教育改革和发展规划纲要（2010—2020 年）》明确提出：把促进公平作为国家基本教育政策。在基础教育追求公平与质量的背景下，上海教师培训政策再次聚焦提升教师队伍的整体质量，教师培训进入内涵发展阶段，呈现三大特征：第一，以满足教师专业发展需求为导向、提升教师专业发展水平为特征，市级规划指导、区县统筹落实、学校主体实施，面向全社会开放的教师培训体系正在逐渐走向精细化。第二，依托高校、科研机构、区县教师进修院校等组成的教师教育资源联盟，构建以"学分银行"为抓手的上海市教师继续教育管理平台。平台上聚集了各种优质培训资源，中小学教师可以通过平台选课、修学分。[6] 第三，教师培养方式根据教师发展理论不断丰富。见习教师规范化培训、中青年骨干教师团队发展计划、基础教育领军人才培养、"讲台上的名师"等，都注重学习者在成事中成人，又在成人中成就更大的事业，在培养内容、途径上更加创新与丰富。这一时期，加强交流展示平台建设、标准建设，注重教育成果固化、增强辐射引领作用。[7]

（一）以"学分银行"为抓手的市级共享课程管理体系

"十二五"期间，上海市教委人事处联合多方专家，以"课程来源多渠道、课程资源优质化、课程学习多途径"为主旨，成立课题研究小组，落实优质课程资源的共建共享。2011 年秋季，一个具有选课、学分查询、学习记录、线上学习等功能的培训平台，即"上海市教师教育管理平台"初具规模，一个共建共享的教师教育课程管理机制开始试运行。2012 年春季，教师教育管理平台中的市级共享课程开始推向全市。2012 年秋季，各项管理制度、措施趋向成熟，培训成效初见端倪。市级层面的教师教育资源库与教师选修的学分互认，统一管理，对建立现代教师学习体系，提高教师专业化水平和实施新一轮教师培训，意义重大。目前，市级共享平台上已有 177 887 名教师报名注册，做到了全市中小学、幼儿园教师全覆盖，教师培训的市级共享课程 1460 门，全体教师参加市级共享课程培训达 54.9 万人次，成为优质课程资源的聚集地、教师队伍建设的线上载体、教师培训的"立交桥"。

（二）搭建精准靶向发力式的成长平台

搭建职初期、成长期、成熟期、高端期教师的培训平台，为不同发展阶段的教师寻找契合的成长路径。项目成果形成的上海经验，获得国家级基础教育教学成果奖二等奖 1 项，上海市基础教育教学成果奖特等奖 1 项、一等奖 3 项。

一是深化见习教师规范化培训制度。开发匹配新教师专业发展的系列课程与教材，已有 13 门市级通识课程，聚焦见习教师在教育教学中遇到的实践问题，出版的"新教师培训入门宝典"系列丛书现已成为见习教师深度学习的工具包。参训的 3.5 万多名教师中有近万人成长为校级、区级骨干教师，每年新评区级教坛新秀 1000 余名。

二是探索研究见习教师的后续发展机制。基于 2—5 年教龄教师成长规律，有针对性地出台了一系列促进见习教师后续发展的培训举措。采用市区校联动方式，开展了 16 项区域、85 项校本和 112 项青年教师的实践研究项目。

三是实施中青年骨干教师团队发展计划。形成由一人领衔，若干跨区、跨校成员组成的研究实践团队，共有196名教师参与并圆满完成各项任务，培育一批教师发展优秀团队。

四是开展"讲台上的名师"展示活动。发挥名师在教师队伍中的示范辐射作用，举办了9场专题展示活动，为优秀教师搭建课堂教学系列展示和学科教学研讨的开放平台，推动学科教学专家成长。

五是创新"名校长名师培养工程"。将人才高峰建设和梯队培养储备相结合，分别设置了培养海派教育家型领军人才的"高峰计划"（37个基地）、建设市级教育教学团队的"攻关计划"（109个基地）和培育优秀青年骨干教师的"种子计划"（579个基地），打造高端教师群体。

（三）创新"教、研、修"一体化的研学模式

一是打造共同育师新模式。在加快建设新时代教师队伍新征程上，教师学科素养也被提到了一个新的高度。上海市教委携手科协的科学家和高校的重点学科，建立培训基地和研修项目，将学科的新知识、新思维、新观点和新方法及时传递到教师的学科知识体系中，促进教师更新学科知识结构和增强综合素养，推动面向教育现代化的能力建设。目前已经建立10个高校大中小学教师学科研修基地，开展了生物、化学、物理三个研修项目，惠及800余名教师。

二是建立教研与培训协同机制。教研、培训的有机融合，切实提高了教师培训在教育教学和教师专业发展中的实效性，让教师的深度学习得以发生。市、区、校级逐步构建起了在教研中发现问题、探索问题解决规律，转换成教师培训课程，并予以推广的研修模式。这一机制的形成，使上海基础教育教师更加走向理性与成熟。目前市级开发了180门指向教材教法现实问题的网络研修课程，教师在课程开发过程中，加深对学科的理解，深化对教材教法知识的研究，构建教师教学专业素养结构。

三是形成需求导向的培训方式。在推进一体化研学模式中，其一是把课题研究与教师培训

整合起来，通过课题研究，引领教师培训，在研究中探索教师培训策略；其二是把培训内容开发与不同类型教师的培养结合起来，形成特色课程；其三是通过特色培训项目的推进，探索满足不同层次教师发展需求的研训项目；其四是把案例研究、行动研究等整合到教师培训中，引导教师在任务驱动中学习。

四是赋能以校为本的教师成长空间。"十三五"期间的校本研修更加务实有力，首先是建立了基于"问题启动、专题驱动、专业推动、合作互动"的校本研修机制，开展分层次、主题化、系列化和课程化的研修实践，提高校本研修的针对性和实效性；其次是加大市级、区级教师专业发展学校校本研修学分占比，要求为校本研修力量弱的学校提供课程与培训者，在一定程度上改善了薄弱学校校本研修平庸化的现象。目前，215所市级和442所区级教师专业发展学校均匀分布在全市各个区和各学段，成为各区促进学校教师成长的极其重要的孵化器和助推器。

（四）构建开放的教师交往交流机制，拓展教师国际视野

上海市组织基础教育教师赴芬兰、英国等培训，普教系统教师国（境）外访学进修，增加了上海教师的国际教育交流与合作机会。同时充分利用上海家门口的国际化教育资源，实施上海校长、教师赴外籍人员子女学校开展伙伴研修项目，率先在上海本地学校和国际学校之间搭建了合作交流的平台，让上海教师不出国门，学习国外先进的教学理念与管理经验。"十三五"期间，组织137名教师参加国（境）外研修，有64所中方学校（含2所市属学校）、13所上海的外籍人员子女学校参加外籍人员子女学校伙伴结对，惠及194名教师。同时，教师培训首次实现了"经验输出"，启动中英数学教师交流项目，通过数学教育理论研讨、浸入式教学交流、课堂模拟教学、实地考察和经验分享等方式，上海对英国教师进行培训，五年来超两万名英国教师与上海教师互动，"上海方法"从英国小学走进中学，这也是我国基础教育"追兵向标兵"迈进的成就之一，在国际上发出了"中国声

音"，传播了上海教育和上海教师培训的经验。

在 TALIS 2018 年调查中，上海教师在专业发展方面，多项指标拿下"最高"，上海教师过去一年的专业发展活动参与率达到 99.3%，比例较高；上海教师参与的专业发展活动类型（共分 10 种）最多，达到 6.4 种，OECD 仅为 3.9 种；有 87.5% 的上海教师认同专业发展活动的积极作用。

（五）推进教师培训规范化建设，注重标准的引领作用

研制上海市"十三五"中小学、幼儿园、中等职业学校教师培训课程建设方案、课程开发指南与教师培训精品课程标准，指导各级各类主体的课程开发建设。完善培训学分管理办法，探索教师培训选学制度，优化培训学分审核认定机制，建立培训学分转换与应用机制。制定教师培训机构资质认定办法、社会第三方教师培训资源和课程的准入资质条件。[8]

第三个十年，上海市基础教育教师培养培训工作重构顶层培训体系，进一步体现分层、分级、分类的结构化思想，旨在从根本上改进教师培训针对性不强的问题；按照教师职业生涯发展规律，全面实施各项教师专业发展计划，助力处在每个发展阶段的教师精准化成长；创新学习方式，构建"教、研、修"一体化的研学机制，引导教师改变接受者身份，逐步成为与自身实际经验结合的课程建构者，让教师学习时时、处处、随手、随地发生。

30 年砥砺奋进的历程，锻造出上海专业化、高素养的基础教育教师队伍。总结上海市基础教育教师培训工作，有以下四条经验：

第一，超越教育空间，抓紧经济与社会发展的机遇，不断开创新局面、建立新秩序。教师培训是为教育提供人力资源的重要保障，随着时代发展对教师要求的变化，教师培训要提供与之相一致的内容。从学历提升到知识增长再到专业能力和素养的提升，上海教师培训一直紧跟国家教育改革的步伐，整体规划，全面提升，确保教师队伍的高素质、教育质量的高水平。而且，教师培训不能局限在基础教育内部，要将教育的需求与新资源、新技术、新理念充分融合，在政策和机制上不断突破，形成开放创新的教师培训新格局。

第二，发挥多方合力，市级统筹优质资源顶层设计、区校突显特色发展。教师培训不能关起门来靠培训机构完成，必须激发教师活力，调动学校、社会各方的积极性。市级层面构建了覆盖教师整个职业发展阶段的教师培训项目，形成了教师人才梯队的连续性培养模式，[9]并带动了区域和学校的配套跟进项目，形成了市、区、校的有效联动，让每一名教师从入职开始的每个阶段都能接受有针对性的培训，职业发展有保障。上海的教师培训还帮助和支持教师通过合作，建构专业的共同知识、共同话语系统，形成学习型实践共同体，鼓励教师在培训过程中与同伴运用不同的"工具"和方法，共同实现新经验、新实践的"知识创造"。

第三，发掘主体潜力，使教师成为专业学习的主动体验者、专业发展的自觉建构者。上海教师培训模式丰富，针对不同发展阶段教师的特征，提供有针对性的专业发展项目。如见习教师以浸入式培训为主，高端教师以基地培养为主，让出色的人带领一批优秀的人攻克教育教学的重难点问题，促进了学科建设和人才发展。这种培训体系强调构建多元、分层、弹性的课程体系和发展平台，这种分层分类意味着精准助力的发生，以不同类型教师专业发展需求为目标，以不同发展阶段教师的学习特征为依据，满足教师个性化的发展需求，激发教师主动参与、深度体验、自主改进的意愿。

第四，走向世界前沿，引进先进理念、学习国际经验、利用国际资源、输出上海经验。海纳百川、追求卓越是上海的城市精神，共赢共荣是上海城市精神的魅力所在。上海基础教育发展和教师队伍的培养培训放眼世界，主动学习、比较、借鉴国际教师专业发展动态和优质实践成果。上海教师培训不仅实现了"请进来""走出去"，学会在国际坐标中寻求教师培训工作的突破点和前瞻点，还在互学互鉴的基础上实现了经验"输出"，在世界舞台上讲述上海教师故事，发出上海教师声音，传播上海教育和上海教师培训的经验。经过几年发展，上海教师已经参与到英国数学教育的实践中，获得了广泛的肯定。

人民城市人民建，人民城市为人民。站在新的历史起点，面对新的形势、新的机遇，上海将不断梳理、总结和提炼教师专业发展的理论与实践，提高教师培养和培训的理论研究水平和国际比较水平，研究推进教师培训教学实践活动，促进教师教学风格的形成和创新。

回望来时路，更能坚守初心。"十四五"的教师培训工作，在"强师优师工程""人才攀升计划"大背景中传承和创新，着力解决培训内容如何满足不同层次教师的发展需求、培训模式如何适应教师在职学习的特点、培训资源如何有效整合发挥溢出效应、培训者队伍如何提升专业化水平等问题，提高教师培训实效，推动每一名教师成为专业知识的学习者、学生发展的引领者、家校有效沟通的合作者、课堂教学深度变革的践行者。

参考文献：

[1] 李永智 . 教师是立教之本、兴教之源 [J]. 中国高等教育，2019(Z3)：73-75.

[2] 张民生 . 中小学教师继续教育的探索与实践 [J]. 中小学教师培训，1991(Z1)：3-8.

[3] 武海燕 . 改革开放以后上海市中小学教师职后培训研究（1978—2000）[D]. 上海：华东师范大学，2004.

[4] 上海市教育委员会 . 上海市基础教育教师队伍建设"十一五"规划纲要（沪教委人〔2007〕78 号）[Z]. 2007.

[5] 上海市教育委员会 . 上海市基础教育教师队伍建设"十二五"行动计划（沪教委人〔2011〕96 号）[Z]. 2011.

[6] 上海市教育委员会 . 上海市"十二五"中小学、幼儿园教师培训工作实施意见（试行）（沪教委人〔2011〕35 号）[Z]. 2011.

[7] 上海市教育委员会 . 上海市教师队伍建设"十三五"规划（沪教委人〔2016〕92 号）[Z]. 2016.

[8] 上海市教育委员会 . 上海市"十三五"中小学、幼儿园、中等职业学校教师培训工作实施意见（沪教委人〔2016〕41 号）[Z]. 2016.

[9] 李永智 . 锻造强国良师：擘画新时代教师队伍建设的"上海蓝图"[J]. 中小学管理，2018（5）：20-23.

From Normative to Precise: 30 Years of Teacher Training of Elementary Education in Shanghai

LI Yongzhi[1]　　YANG Jie[2]

(1. Shanghai Municipal Education Commission, Shanghai 200001;

2. Shanghai Teacher Training Center, Shanghai 200234, China)

Abstract: The orderly, efficient and innovative development of teacher training is the guarantee for the high-level development of elementary education in Shanghai. Over the past 30 years, teacher training of elementary education in Shanghai has experienced a transformation from scale development to connotation development. With the requirements of the social background for the construction of teachers, we not only pay attention to the construction of system and multiple training paths, but also pay attention to the design of the goal of hierarchical and structured training and the supply of accurate training contents. Especially in the new period, the teacher training of elementary education in Shanghai has built a mechanism integrating "teaching, researching and training", which puts teachers' learning in the first place of training and innovates learning space, learning mode, learning platform and learning mechanism, guiding teachers to become active learners of training contents, conscious constructors of training courses, practitioners of training community and promoters of training experience.

Key words: Teacher Training, Elementary Education, The Course of Development

（责任编辑：杜金丹　商凌鹏）

新时代高质量教师队伍建设：背景、内涵与策略

南 钢

（上海市教育科学研究院 上海 200032）

[摘 要] 本文在梳理高质量教师队伍建设背景的基础上，分析了新时代高质量教师队伍建设的基本内涵，即在质量主体上坚持人民中心的诉求和期盼，在质量目标上突出立德树人的指向和宗旨，在质量内涵上突显育人素养的品性和意蕴，在质量标准上注重和谐创新的品质和追求，在质量文化上弘扬扎根基层的精神和情怀。面向未来，要推进高质量教师队伍建设，应大力加强师德师风建设，重塑新时代中国特色师魂；聚焦职前职后一体化培养，打造全链条高质量培训体系；深化教师管理体制改革，推进教师队伍治理现代化；补齐教师质量建设短板，夯实高质量教师队伍基石；完善教师质量保障体系，筑牢教师队伍高质量防线。

[关键词] 新时代 高质量 教师 队伍 建设

　　教师队伍建设的成效和质量直接关系教育事业的兴衰成败和国家社会的长治久安。2018年1月，中共中央、国务院结合新时代我国社会发展特别是教育改革发展的新变化，颁布了《关于全面深化新时代教师队伍建设改革的意见》（以下简称《意见》），明确把"造就党和人民满意的高素质专业化创新型教师队伍"作为未来教师队伍建设的基本方向和目标。2019年2月颁布的《中国教育现代化2035》又进一步强调了建设高素质专业化创新型教师队伍在推进教育现代化进程中的重要性。2020年，党的十九届五中全会更是提出建设高质量教育体系和教育强国

的长远目标。应该指出，建设高质量教育体系的根基是打造一支高质量教师队伍，那么，与以往相比，为何要在新时代建设高质量教师队伍，它有着何种特殊内涵，又该如何推进新时代的高质量教师队伍建设，就是亟须解决的重大理论和现实问题。本文试对这些问题进行探讨。

一、新时代建设高质量教师队伍的基本背景

　　党的十九大作出了我国已经进入中国特色社会主义新时代的伟大论断，并提出要建设教

基金项目：本文系山西省教育科学"十三五"规划课题"人类学视野下幼儿游戏与教师教学的跨界融合发展研究"（课题编号：GH-18085）的部分成果。

作者简介：南钢，上海市教育科学研究院副编审，主要从事教师教育、教育原理、家庭教育、教育史等领域的研究工作。

育强国。十九届五中全会在教育强国的基础上进一步提出建设高质量教育体系。为了保证高质量教育体系建设，加快建设教育强国，必须打造一支高质量的教师队伍。具体而言，新时代之所以要建设高质量教师队伍，主要出于以下方面的需要：

（一）开启全面建设社会主义现代化国家新征程的需要

"十三五"期间，我国始终将教育摆在经济社会发展的优先位置，坚持将加强教师队伍建设作为教育事业的基础工作，有力支撑起世界规模最大的教育体系，源源不断地为我国经济社会发展提供了人才和智力支持，有力保障了脱贫攻坚战略和全面建成小康社会的稳步推进。党的十九大报告明确指出："从十九大到二十大，是'两个一百年'奋斗目标的历史交汇期。我们既要全面建成小康社会、实现第一个百年奋斗目标，又要乘势而上开启全面建设社会主义现代化国家新征程，向第二个百年奋斗目标进军。"[1] 今天，脱贫攻坚胜利在望，全面建成小康社会也将如期完成，站在新的历史起点，党的十九届五中全会进一步指出，要在"确保如期打赢脱贫攻坚战，确保如期全面建成小康社会、实现第一个百年奋斗目标"后，"为开启全面建设社会主义现代化国家新征程奠定坚实基础"。强国必先强教，强教必先强师，教师强则教育强，教育强则国家强。要为第二个百年奋斗目标开好局、起好头、铺好路，根基在教育，关键在教师。面向未来，要为现代化建设"培养造就大批德才兼备的高素质人才"，离不开高质量的教师队伍。

（二）传承优秀教师文化、弘扬优质教师传统的需要

我国是一个有着五千年文明史的国家，教师文化源远流长，早在先秦时期，就出现了很多关于教师的论述，其中一个核心要义，就是对教师在思想品德、文化知识和教学艺术等方面提出了严格要求。如《学记》提出"知类通达"，要求教师做一名"达师"，既要有"仁之方"的高尚品德，又要有"博学之"的丰厚学识，更要有"能博

喻"的教学方法，还要懂"知其心"的学习心理，足见对教师质量要求之高，也说明我国有着建设高质量教师队伍的优良传统和丰厚土壤。中华人民共和国成立后，我国依然十分重视高质量教师队伍建设，特别是改革开放以来，围绕教育改革发展的战略重点和阶段目标，我国对教师队伍建设提出了不同要求，其中所内含的质量诉求也有一定差异。中国特色社会主义新时代，社会主要矛盾已经转变为人民日益增长的美好生活需要和不平衡不充分的发展之间的矛盾，体现在教育中，就是人民日益增长的对美好教育生活需要和教育发展不平衡不充分之间的矛盾。如何破解这一矛盾，满足广大人民群众对优质教育的需求，需要传承我国的优秀教师文化传统去建设高质量教师队伍。

（三）推动教育高质量发展、建设教育强国的需要

党的十七大首次把教育公平写进党的报告中，之后，开启了基于促进教育公平、推动教育均衡发展的教育改革。经过十余年的努力，教育公平问题得到很大缓解，教育质量问题开始逐步浮出水面。在此背景下，党的十九大又提出公平而有质量的教育发展思路，之后经过"十三五"期间的努力，我国建成了世界上规模最大的教育体系，教育事业取得巨大成就。党的十九届五中全会在通过的《中共中央关于制定国民经济和社会发展第十四个五年规划和二〇三五年远景目标的建议》（以下简称《建议》）中明确指出，未来我国要建成"文化强国、教育强国、人才强国、体育强国、健康中国"，并把建设高质量教育体系作为推进教育强国建设的基础工程。那么，如何建设高质量教育体系，进而建设教育强国呢？《建议》的"建设高质量教育体系"部分明确指出，要"全面贯彻党的教育方针，坚持立德树人，加强师德师风建设，培养德智体美劳全面发展的社会主义建设者和接班人……提升教师教书育人能力素质"。这就是说，要建设高质量教育体系，关键在教师，唯有打造一支高质量的教师队伍，才能为高质量教育体系建设奠定基础，进而

确保在 2035 年全面建成教育现代化，最终为 21 世纪中叶把我国建成社会主义现代化强国提供智力支持和人才保障。

（四）应对国际形势、参与国际竞争的需要

当前，国际形势风云变幻，大国关系微妙复杂，地区冲突仍在不断上演，人类和平进程曲折多变，整个世界进入了百年未有之大变局。为了提升综合国力，应对国际变化，在世界格局中保持优势地位，世界各国普遍重视教育改革，特别是把培养高质量教师队伍作为提升国家经济社会发展水平和科技竞争力的重要举措。如美国在 2002 年初实行的《不让一个孩子掉队法案》中就设立了"高质量教师"计划[2]，之后，奥巴马政府又于 2011 年颁布了《我们的未来，我们的教师》，2015 年签署了《让每一个孩子成功法案》，并辅之以教师质量伙伴计划、教师激励基金计划、农村教育成就计划等[3]，促进了全美高质量教师队伍发展。再如欧盟教育部长理事会于 2009 年通过了《欧洲教育与培训合作 2020 战略框架》，目标之一就是"提高教育和培训的质量与效益"，把高质量专业化的教师队伍视作提高教育质量的核心[4]。与此同时，英国在 2011 年颁布了《培养下一代卓越教师：实施计划》，德国于 2012 年和 2013 年分别提出了"卓越教师计划"和"教师教育质量攻势"计划，澳大利亚、法国、芬兰、日本、新西兰等国都采取了相应措施，旨在进一步提升教师培养质量。可见，高质量教师队伍建设是世界各国参与国际竞争的普遍做法。在此背景下，我国要在变局中开新局，也应把高质量教师队伍建设作为未来人才培养的基础工程，为赢取先机奠定基础。

二、新时代高质量教师队伍建设的基本内涵

建设高质量教师队伍是教育工作的题中应有之义，今天在新时代背景下建设高质量教师队伍，首先需要明确其基本内涵和基本诉求，方能有计划、有步骤、可持续地推进教师队伍建设，

打造一支高素质专业化创新型教师队伍，早日全面实现教育现代化，建成教育强国。与以往更多强调目标、理想与追求的高质量教师相比，新时代的高质量更加突出中国特色，更加强调全球经验，更加彰显可达成性。换言之，新时代的高质量是指向全面实现教育现代化的，它更强调任务的达成，而非仅仅是对理想的追求。具体来说，新时代高质量教师队伍建设重点体现在质量主体、质量目标、质量内涵、质量标准和质量文化五个维度，是这五个维度的内在统一。

（一）在质量主体上，坚持人民中心的诉求和期盼

要建设高质量的教师队伍，有一个前提性的问题，即高质量是谁的高质量，也就是质量主体是谁，或者说，质量是为谁服务的、谁最有权对教师质量进行评价。今天，我国已经建成世界上规模最大的教育体系，但这一教育体系建得如何，关键看其是否满足了广大人民群众的诉求和期盼。习近平总书记多次指出，要办人民满意的教育。这就是说，教育体系是否健全、教育改革是否成功、教育质量是否有保障，关键看人民。《建议》在谈及"十四五"时期经济社会发展必须遵循的原则时指出要"坚持以人民为中心""始终做到发展为了人民、发展依靠人民、发展成果由人民共享……增进民生福祉，不断实现人民对美好生活的向往"。这就是说，人民群众关于教育的获得感、幸福感、安全感是评判教育质量的最终标准。今天，"满足人民群众对美好教育生活的向往，就是要更好地满足人民群众对多样、特色、优质教育的强烈需求，这对教师队伍素质提出了越来越高的要求。建设一支高质量的教师队伍，是办好人民满意的教育的根本保障"[5]。一名教师能否获得人民群众的尊重和爱戴，整个教师队伍建设能否赢来尊师重教的社会风尚，关键看教师心中是否有学生，看教师队伍是否以对人民高度负责的态度和精神来开展教育教学工作，看教师队伍建设是否回应了广大人民群众对美好教育生活的诉求。这说明，新时代教师质量的话语体系开始发生重要转变，即话语主体开始

逐步回归到以人民为中心。

（二）在质量目标上，突出立德树人的指向和宗旨

质量目标是事关质量价值的重要维度，对教师质量目标来说，它回答的是"要培养什么样的人"的问题。我国是以马克思主义为指导的社会主义国家，因此，教育必须体现社会主义方向性，教育目的就是为社会主义现代化培养建设者和接班人，这从1993年《中国教育改革和发展纲要》颁布以来，就成为我国教育的指导思想。那么，如何培养建设者和接班人呢？党的十八大报告首次把"立德树人"作为教育的根本任务，从而丰富了建设者和接班人的思想内核和培养路径，同时也明确了新时代教师工作的主要方向，内含着对教师质量目标的客观要求，成为新时代教师质量的重要标识。如何提升立德树人的本领？《意见》明确指出："把提高教师思想政治素质和职业道德水平摆在首要位置，把社会主义核心价值观贯穿教书育人全过程，突出全员全方位全过程师德养成，推动教师成为先进思想文化的传播者、党执政的坚定支持者、学生健康成长的指导者。"可见，能否养成高质量师德是能否承担立德树人任务的基本前提，而能否立德树人则是检验是否具有高质量师德的重要标准。对此，《建议》要求教师"坚持立德树人，加强师德师风建设，培养德智体美劳全面发展的社会主义建设者和接班人"。在此，进一步明确了教师质量的基本遵循、指向和宗旨是立德树人，核心是师德师风建设，落点是培养社会主义建设者和接班人。

（三）在质量内涵上，突显育人素养的品性和意蕴

质量内涵是质量体系的基本构成，对于高质量教师队伍来说，从《意见》到《中国教育现代化2035》，再到《建议》，都作了明确规定。《意见》指出要培养高素质专业化创新型教师队伍，《中国教育现代化2035》做了进一步明确，《建议》指出要"提升教师教书育人能力素质"，从而把高素质专业化创新型统一到教书育人的能力

素质上来。所谓教书育人能力素质，包含教书能力素养和育人能力素养两个方面。其中，前者又具体体现为政治素养、道德素养、专业素养等，重在强调教师从教所必备的职业能力和素养；后者强调入乎脑、发乎情、本乎心、见乎行，重在强调从教的目标和效果。前者是条件、过程和手段，后者是结果、归宿和落点，两者是内在统一的关系。习近平总书记指出，新时代的教师不仅要成为"四有好老师"，也要做"四个引路人"，还要做到"四个相统一"，这一从"四有"到"引路"再到"相统一"的内在发展逻辑，说明了新时代教师育人素养的重要性，突显了高质量教师在育人素养方面的独特品性和意蕴。有学者明确指出，新时代的教师观"将育人本领作为高素质专业化创新型教师队伍建设的关键标准，引导教师培养一批又一批德智体美劳全面发展的社会主义建设者和接班人"。[6]与以往重在强调以"教"为主的教师质量观相比，新时代更加强调以"育"为主，更加突出"育"的内涵和品质，从而实现了教师质量观的重大变革，为高质量教师队伍建设扫除了观念障碍。

（四）在质量标准上，注重和谐创新的品质和追求

质量建设往往离不开评价指标体系，教师质量也是如此。进入21世纪以来，为了保障教育改革的顺利进行，我国出台了教师专业标准、教师教育专业标准、校长专业标准等一系列标准，也通过不断提高教师学历等入职标准，严格教师准入，为高质量教师队伍建设奠定了良好基础。实际上，建立高质量教师标准是世界各国的普遍做法，如美国在高质量教师计划中，就把高质量教师标准分为一般要求和专业要求，指出教师可以选择参加考试的学科或通过本州开发的"更高的、客观的、统一的州评估标准"来证明自己的学科知识水平和教学能力。之后，联邦政府、州政府、学区还规定了专业发展要求，以保证教师知识水平和教学能力的进一步提高。在美国，高质量教师的标准介于一般任课教师和通过国家专业教学标准委员会认证的

教师之间。[7] 与其他国家相比，我国的高质量教师队伍建设是基于中国经济社会发展的场域展开的，是伴随教育改革而持续深化的。因此，教师质量并不是一个静态的概念，而是有一个动态提升的过程。从这个视角来审视高质量教师，其内含了许多发展性指标，如绿色、开放、和谐、创新。其中，和谐是中华文化的重要传统，也应成为中国特色高质量教师队伍的内在品质，而创新是民族进步的不竭动力，也是高质量教师队伍持续发展的动力源泉。和谐创新集中体现了高质量教师队伍建设的发展方向，也成为新时代高质量教师的重要标准。

（五）在质量文化上，弘扬扎根基层的精神和情怀

质量文化是质量体系建设的重要组成部分。所谓质量文化，本是指企业在生产经营活动中所形成的质量意识、质量精神、质量行为、质量价值观、质量形象以及企业所提供的产品或服务质量等的总和。对教师队伍建设来说，质量文化主要是指教师队伍在长期教育过程中所形成的对教育质量的认识、态度、情感、精神乃至行为的总和。改革开放以来，我国涌现出了一大批优秀教师、特级教师和教书育人楷模，近年来，我国又开展了正高级教师评选活动和最美教师评选。可以说，这些教师身上有一个共同特点，那就是扎根基层、扎根一线，他们把自己全身心融入教育事业，漫步在教育的丛林，体验着教育人生的快慰，这是一种情怀，也是一种境界，更是一种文化。今天，我们在新时代要建设高质量教师队伍，实际上就是要弘扬扎根基层这一质量文化和质量传统，让广大教师安心从教、幸福从教、创造性从教。应该指出，近年来，教师队伍中出现了一些不稳定因素，离职倾向也在不同程度加强，在这一背景下建设高质量教师队伍，不仅要提高基层教师的社会地位和物质待遇，更要大力营造扎根基层的教师质量文化。只有扎得下根，安得下心，方能潜心钻研教学工作，也才能为大批高质量教师脱颖而出创造条件。

三、新时代高质量教师队伍建设的主要策略

前已述及，新时代对高质量教师队伍建设提出了许多新的要求，也体现出许多新的内涵和特点。因此，在新时代推进高质量教师队伍建设，也必须有相应的配套策略和措施。具体来说，主要有以下几个方面：

（一）大力加强师德师风建设，重塑新时代中国特色师魂

新时代开展高质量教师队伍建设，首先要解决师魂的问题。魂是统摄，魂是初心，魂是坚守，魂是追求。这就是说，我们要培养的高质量教师，应是立足中国大地的，应是坚守中华文化的，应是坚持以人民为中心的，应是体现高尚师德的。唯有以此来加强教师队伍建设，方能塑造新时代的师魂。习近平总书记明确指出，"办好人民满意的教育、培养更多社会主义事业建设者和接班人，离不开扎根中国大地办教育的决心、信心与行动"[8]，"希望广大教师不忘立德树人初心，牢记为党育人、为国育才使命"[9]。立足新时代重塑师魂，就是要扎根中国大地深入开展师德师风建设，就是要把其作为评价教师队伍素养的第一标准，就是要把其放在事关育人和育才质量、事关党的兴衰存亡和国家繁荣富强的高度来认识，持续推进师德师风建设常态化，不断提升高素质专业化创新型教师队伍水平，增强育人本领和育才能力。

（二）聚焦职前职后一体化培养，打造全链条高质量培训体系

高质量的教师队伍离不开高质量的教师教育体系，这就需要构建职前职后全链条的高质量培养培训体系。就职前来说，《意见》要求建立以师范院校为主体、高水平非师范院校参与的中国特色师范教育体系，并提出重点建设一批师范教育基地、提高师范生培养层次、改革招生制度、改革培养模式、强化实践能力培育、改革培养体系、完善质量保障机制、完善教师资格认定制度等。有学者曾提出高质量职前教师培养的

十个条件，分别是大学普通本科及以上院校、专业学院体系及其教师教育的学科专业制度、设计定量和定性相结合的选拔制度、小班化教学和互动参与的大学课堂模式、以研究为主的专业训练、教师教育课程的实践属性、鲜明的教学理念、学科课程和专业课程整合、较长时间的独立专业实践、高质量的教师教育者队伍。[10] 对于职后教师培养，《意见》除明确指出高素质之外，还针对学前教育、中小学教育、职业教育、高等教育分别提出善保教、专业化、双师型、创新型的要求，同时，完善区县教师教育体系，构建教师教育质量保障体系，以此打造高质量的一体化教师培养体系。

（三）深化教师管理体制改革，推进教师队伍治理现代化

开展高质量教师队伍建设，需要完善教师管理体制，推进教师队伍治理现代化。《意见》明确提出了教师队伍体制机制改革的近期目标和远期目标。其中，近期目标是"事权、人权、财权相统一的教师管理体制普遍建立"，远期目标是"教师管理体制机制科学高效，实现教师队伍治理体系和治理能力现代化"。围绕上述战略目标，我国将从教师编制改革、教师人事制度改革、教师工资制度改革、教师职称和考核评价制度改革、校长队伍管理改革、现代学校制度改革、教师荣誉制度改革等方面入手，全面推进教师管理制度创新。如在编制改革上，实行教职工编制区域统筹配置和加大跨区域调整力度；在人事制度改革上，将在国家特殊公职人员的基础上深化教育公务员制度改革；在工资制度改革上，完善绩效工资分配办法，适度向农村偏远学校、一线教师和班主任倾斜；在职称和考核评价制度改革上，完善符合中小学特点的岗位管理制度，实现职称与教师聘用衔接，建立符合岗位特点的考核评价指标体系。总的来说，就是要明确政府、学校、社会在教师治理体系中的权责边界和相互关系，实现教师队伍管理改革的重心从内部系统治理转向外部合作治理，从根本上解决教师队伍治

理现代化的路径问题。[11]

（四）补齐教师质量建设短板，夯实高质量教师队伍基石

我国幅员广阔，教育资源的地区差异较为明显，尽管经过十多年以促进教育公平、推动教育均衡发展为指向的改革已经取得了很大成就，但仍存在一些问题，特别是教师队伍仍有很大地域差异，也存在不少教师质量建设的短板。那么，这一短板在哪里呢？无疑是在广大农村地区、老少边穷地区、民族地区和边疆地区。对此，教育部教师工作司前司长曾指出，"要抓住教师队伍建设最薄弱环节，定向施策、全面落实《乡村教师支持计划（2015—2020年）》，建立省级统筹乡村教师机制，提高特岗计划乡村教师招聘比例，鼓励地方大力培养'一专多能'的本乡本土乡村教师"，认为"基层创新的经验是我们未来改革的源头活水"。[12] 立足新时代，补齐教师发展短板需要我们创新乡村教师管理体制，完善乡村教师激励制度，特别是要在绩效工资保障、荣誉制度、编制改革、职称评定、乡土资源开发、教师培训等方面向乡村教师倾斜。唯有如此，才能最终建成高质量的乡村教师队伍，夯实高质量教师队伍的基石。

（五）完善教师质量保障体系，筑牢教师队伍高质量防线

教师队伍高质量建设是一项系统工程，除了上述几方面外，还有一个重要方面，就是健全教师队伍的质量保障体系。质量保障体系建设包括两个方面，一是高质量教师队伍的内部动态保障指标体系建设，二是高质量教师队伍的外部保障体系建设。对前者而言，需要在现有教师标准的基础上进一步优化指标体系，以体现高质量教师队伍建设的诉求，彰显发展性、动态性、生成性，同时，建立高质量教师队伍建设的督导反馈机制，将其作为各级党委和政府绩效考核的重要依据。对后者来说，则体现在政治保障、组织保障、经费保障、技术保障等维度上。在政治保障上，要强化各级党组织对教师队伍建设的领导权，确保教师队伍建设有正确的政治方向；在组

织保障上，加强领导，实行一把手负责制，建立教师工作联席会议制度；在经费保障上，要确保教育经费优先安排、足额发放，完善经费投入结构、比例、领域和地区，并纳入绩效评估；在技术保障上，要着力提升教师的信息化教学领导力，实施中小学教师信息技术应用能力提升工程，不断提升教师的数字化素养。通过上述保障体系建设，不断筑起教师队伍高质量建设的平台。

参考文献：

[1] 习近平 . 决胜全面建成小康社会 夺取新时代中国特色社会主义伟大胜利——在中国共产党第十九次全国代表大会上的报告 [N]. 人民日报，2017-10-28（1）.

[2] 曾鸣 . 美国"高质量教师"（HQT）计划述评 [J]. 外国教育研究，2016（1）：115-128.

[3] 焦楠，陆莎，李廷洲 . 落后地区教师队伍建设的政策创新——新世纪美国联邦政府的政策举措与启示 [J]. 教育发展研究，2018（2）：62-70.

[4] 林丹 . 政策、模式与特征：发达国家教育高质量发展的职前教师教育之路 [J]. 东北师大学报（哲学社会科学版），2020（6）：113-119.

[5][11] 张志勇 . 教师是教育的第一资源——准确把握新时代教师队伍建设的战略布局和重点任务 [J]. 中国教育学刊，2018（4）：5-8.

[6] 周洪宇 . 如何建设高质量教师队伍 [N]. 中国教师报，2020-09-23（12）.

[7] 陈志敏 . 美国"高质量教师"专业发展的要求及启示 [J]. 教育理论与实践，2011（20）：36-38.

[8] 本报评论员 . 坚持扎根中国大地办教育——五论学习贯彻习近平总书记全国教育大会重要讲话精神 [N]. 中国教育报，2018-09-17（1）.

[9] 习近平向全国广大教师和教育工作者致以节日祝贺和诚挚慰问 [N]. 人民日报，2020-09-10（1）.

[10] 朱旭东 . 论我国高质量教师培养的十个条件 [J]. 云南师范大学学报（哲学社会科学版），2013（3）：86-91.

[12] 佚名 . 乡村教师的需求就是培训的方向——未来五年将为 330 万乡村教师提供 360 学时高质量培训 [J]. 中国农村教育，2016（1）：26.

Construction of High-Quality Teachers in the New Era: Background, Connotation and Strategy

NAN Gang

(Shanghai Academy of Educational Sciences, Shanghai 200032, China)

Abstract: On the basis of comb the background of the construction of high quality teachers, this paper analyzes the basic connotation of the construction of high-quality teachers in the new era, that is, adhering to the people-centered demands and expectations in quality subject, highlighting the direction and aim of establishing morality and fostering people in quality objective, strengthening the character and implication of education in quality connotation , paying attention to the quality and pursuit of harmonious innovation in quality standards, and carrying forward the spirit of taking root at the grass-roots level in quality culture. Facing the future, in order to promote the construction of high-quality teachers, we should strengthen the construction of teachers' ethics, reshape the soul of teachers with Chinese characteristics in the New Era, focus on the integrated training of pre-service and post-service, build a full-chain training system of high quality, deepen the reform of teacher management system, promote the modernization of teacher governance, adress the inadequacies of teaching quality construction, consolidate the cornerstone of high-quality teachers, improve the teacher quality assurance system, and build a high-quality defence line for teachers.

Key words: New Era, High-Quality, Teachers, Team, Construction

（责任编辑：杜金丹　商凌鹏）

学习共同体：十年回顾与未来展望

陈静静

（上海师范大学教育学院　上海　200234）

[摘　要]　学习共同体是学校与课堂变革的理念与方法系统，学习共同体的愿景是保障每位学生的学习权。本文以回忆录的方式，从发现学习共同体的课堂新风貌，进入中国教育的现场发现和解决真实问题，持续开展课例研究和系列化工作坊，建立学习共同体研究院等方面，对学习共同体本土化研究与实践历程进行了回顾与反思，并据此提出基于"深度学习"的教育生态变革的系统化解决方案。

[关键词]　学习共同体　深度学习　学习权　课例研究　课堂变革

2000 年前后，日本教育学者佐藤学教授所倡导的学习共同体（School as Learning Community，SLC）的学校改革取得了初步的成功。随后，佐藤学教授的相关研究成果被引入国内，学习共同体的改革主张受到学术界的关注，此后关于学习共同体的理论探讨和实践推进就一直在进行。抱着"到教育现场寻求答案"的初心，我在一线课堂进行了十余年的行动研究，与教育同仁们一起探索课堂变革和教育转型的可行性路径，让教育理想照进现实，让每个孩子在学校中获得学习的乐趣和生活的希望，从而真正实现公平而有质量的教育。

一、跟随佐藤学教授学习，发现学习共同体的课堂新风貌

2007 年，在华东师范大学读博期间，在导师钟启泉教授的推荐下，我来到日本东京大学佐藤学研究室访学，在佐藤学教授的带领下拜访了日本的数十所学校，参与学习共同体的研究与实践。佐藤学教授提出了东亚教育类型的特征是"统一授课""静坐独学""竞争应试"，这种以压缩的方式被动学习，不求甚解的教育方式不但会造成学生学力的剥落，而且会造成学生厌学，甚至逃离学习。他曾在 2000 年末发表了长篇教育报告《逃避学习的日本儿童》，对日本所代表的

基金项目：本文是 2019 年全国教育科学规划课题教育部重点课题"基于学生深度学习的教育生态重构"（课题编号：DHA190381）的阶段性成果。

作者简介：陈静静，上海师范大学教育学院副研究员，学习共同体研究院院长，华东师范大学教育学博士，复旦大学公共管理博士后，主要从事深度学习、学习共同体课堂变革研究。

东亚教育类型所造成的学生学习的困境进行了深刻的剖析。[1]

为了解决这一问题，佐藤学教授提出了学习共同体的系统化解决方案。佐藤学教授认为，学习共同体是21世纪学校发展的愿景，学校成为儿童协同学习的场所，成为教师相互学习的场所，成为家长和市民参与学校教育并相互学习的场所，保障每一位儿童的学习权，从而真正实现教育的公共性、民主性和卓越性。学习共同体是三个同心圆的结构：最核心是每位学生都能安心、协同学习的"交响乐式"的课堂；第二层是教师之间的互相开放课堂和合作研究，形成教师之间的专家联盟；第三层是学校开展持续课例研究，保障学生的学习权和教师的专业学习机会，而家庭和全社会也参与其中，共同为学生的发展作出努力。

佐藤学教授认为，要改变学校，首先要改变课堂。课堂不变，学校不会变。从课堂组织形式来看，要打破整齐划一的座位排列方式，采用2至4人的男女混合座位的方式，改变课堂中的权力关系和知识传递方式，让学生采用自主、协同的方式进行学习；从人际关系来看，教师要成为倾听的示范者，师生之间更加平等、自然，在"安全、安静和安心"的环境中，学生身心稳定，互相倾听，彼此互学；从学习内容来看，学习内容更具开放性和挑战性，让学生更多地进行深度思考，让学生更多地获得学习的快乐感和成就感。学习共同体的课堂倡导宁静润泽的氛围，课堂中的每一个人都是优雅谦逊、乐于倾听的，这样的学习场域与传统的倡导竞争和表达的"热热闹闹"的课堂有较大区别，因此也常常被称为"静悄悄的革命"。[2]

二、从中国课堂实际出发，发现和解决教育现场的真实问题

（一）走向"田野"，持续进行课堂观察与分析

2009年7月，我从华东师范大学博士毕业，来到上海市浦东教育发展研究院工作，成为一名一线科研员。在此后的十年多时间中，我走访了上海以及全国的很多学校，并持续观察和研究课堂。每一次课堂观察和参与我都认真做笔记、照相、录像，并在课后与教师进行研讨。毕业后的几年中，我在华东师范大学附属张江实验中学、建平中学、福山外国语小学、高东中学、沪新中学、南汇四中、光明学校等学校做过长期的课例研究。最开始几乎每天都要观摩四节课，研讨两节课，这样的研究频率让我深刻地理解课堂的真实情况，真正了解一线教师们的关注与困惑。研究过程中，我积累了大量的课例研究素材，拍摄的课例录像装满了硬盘和电脑，我也与很多教师成为推心置腹的朋友和伙伴，这为进一步开展课堂的变革提供了可能。

在课堂观察的过程中，我们逐渐总结出独特的研究方法——"焦点学生完整学习历程的课堂观察与关键事件分析"（Individual Student's Learning Process Observation and Critical-Incidents Analysis），即观察者以一名学生作为观察对象，对学生完整学习历程进行观察和研究，寻找学生学习过程中的多元化证据，并对学生学习过程中的关键事件进行分析，从而真正理解学生学习的历程、困境和需求，并据此进行课堂的改进与变革。[3]这样的课堂观察方法简便易行，每一位教师都可以参与进去。课例研究真正走进教师们的日常研究生活，撬动教师的课堂变革。

（二）分析学生的学习历程，找到学习困境的症结

在对数千名学生的观察和研究中，我们发现学生在课堂的学习中会遇到各种各样的困难，学生的学习历程艰难而缓慢，而教师的教学历程快速而紧凑，教与学的矛盾比较突出。学生跟不上教学节奏，不理解教师所讲授的内容，难以对问题进行深入思考，不敢交流自己的真实想法，遇到困难不敢求助，不能和同学成为学习的伙伴。很多学生在课堂上是孤独和迷茫的，学习困难的学生比例越来越高；虚假学习和浅表学习以及

学习困难和逃离学习的情况变得越来越普遍。[4]我们把学生真实的学习历程用摄像机和照相机记录下来,与教师们共同探讨如何去解决这些问题。我们始终秉承着"不简单评价教师教学的'好坏'"的原则,在得到教师和学生同意的情况下,我们会对学生学习的情况进行详细的记录,课后对学生的学习情况进行细致的剖析。教师们从来没有如此精细地分析过个体学生的学习,因此对这样的研究充满着好奇和期待,也愿意加入研究中。我们和教师一起,从学生学习的困难和需求出发,对课堂进行重构,提升学生的学习效果。

（三）为解决实际问题不断试错、改进,学习共同体的研究与实践逐渐成熟

我们对学习共同体的认识经历了很长时间的理解过程,在具体操作方面也遇到了很多困难,我们也越来越认识到课堂变革的艰难和必要。实际上,要形成学习共同体的课堂,首先要建立温暖润泽的倾听关系,其次要进行高品质的学习,最后教师要成为学科和学生研究的专家,这三方面缺一不可。于是,我们的实践也逐渐聚焦在这三方面,并开始呈现实际效应。我们采用学习共同体的理念和方法,教师以倾听的姿态出现在课堂上,让学生自主地学习、自由地表达自己的观点和不懂,学生之间相互倾听,互相学习,教师则以学习设计的方式来引领,自主、协同、合作、共创的课堂逐渐形成,以保障每一位学生的学习权为目标,我们在不断地进行系统化的设计、改进、实践、再改进的过程。有时候我们长期跟踪一位教师,对这位教师的课堂教学进行系统性的研究,和教师一起备课、观察课堂、课后研讨和改进;有时候是与一群教师合作,不同学校、不同学科、不同学段的教师看待问题的方式都不一样,同时还要考虑如何可以让教师们形成一些基本的共识,不但要深刻理解课堂本身,而且更清楚要营造氛围,带动团队,形成一种互相学习、互相鼓励、互相支持的氛围。课堂改革的经验在不断积累和叠加,并且在团队的努力下进行迭代。我们看到了团队中教师们的迅速成长,也更加坚信学习共同体的方法不但可以带动课堂转型,而且可以建立一个互助共生的团队。教师改变了,课堂才会改变!

随着研究的不断深入,我们的研究成果逐渐积累。学习共同体相关的论文、报道也在增加,我们团队的研究成果《跟随佐藤学做教育:学习共同体的愿景与行动》,2015年在华东师范大学大夏书系出版以后,在全国引起了很热烈的反响,并被评为"2015年度教师喜爱的100本书"之一;2020年7月,新的作品《学习共同体:走向深度学习》也已经出版,并被评为"2020年度教师喜爱的100本书"之一。我所翻译的佐藤学教授的著作也得到很多校长和教师们的喜爱,都被评为当年"影响教师的100本书"之一。我们还在《教育发展研究》《全球教育展望》《教育科学》《上海教育科研》《中国教师》等期刊上发表《课堂的困境与变革:从浅表学习到深度学习》《创新素养培育的实践误区与解决方案》《指向深度学习的高品质学习设计》《揭开学习的奥秘:焦点学生学习历程的观察与分析》《佐藤学"学习共同体"教育改革方案与启示》等高质量的论文,并多次被《新华文摘》《人大复印资料》等全文转载。论文的发表不但引起了学术界的关注,也引发了一线教育工作者的持续阅读与实践。

学习共同体不但要保证每位学生都有机会获得平等的学习权,而且要让学生们体会到学习的快乐,并持续进行学习。我们将其定义为"深度学习",这是与我们之前在课堂上所发现的浅表学习相对的,要改变学生的学习现状,要不断提升学生的学习品质,在共同体的环境和愿景下,学生会持续深入地学习。如果说我们起步于学习共同体的研究,而现在我们聚焦在深度学习的研究与实践,这两者之间是传承与深化的关系。所谓"深度学习",是基于学习者自发的、自主性的内在学习动机,并依靠其对问题本身探究的内在兴趣维持的,是一种长期的、全身心投入的持久学习力。我们希望学生不但能够有机会参与学习,而且能够快乐地、持续地、深入地学习和探索。2019年教育部重点课题申请

成功——"基于学生深度学习的教育生态重构"（课题编号：DHA190381），全国各地的合作伙伴一起开展系统性的研究。这些成果既是已有改革实践的总结与提炼，更是为未来的教育改革与发展提供了新的方向与指南。

三、在学习共同体系列化研究坊的培育下，领航教师团队逐渐形成

扎实的课例研究持续了七年，这期间我们的同伴不断增加，参与的学校也在不断增加。2016年暑假，我们开始探索跨校、跨区域的教师工作坊。我们将学习共同体的方法用于教师的研修和学习活动中，让每一位教师都可以获得分享、交流的机会，每个人都被关怀、被倾听，从而也让教师们更加理解学习共同体的作用。"一切与人有关的领域都适用学习共同体的方法"，这是我的经验。"不是灌输而入，而是引泉而出"，这样的方法才是真正让人获得学习的自由和思考的自由。在这个过程中，原本很多看似普通的教师都快速成长起来，也更加坚定了我们的努力方向。

在2016年的暑期工作坊上，我们把日常积累的课例都拿出来，乘此机会好好分析一下，进一步确立下一步的实践方向。我们当时确定的规模是20人，主要是核心研究团队来参加，不请专家报告，每个人都平等研讨、充分参与，研讨时间是四天。暑期工作坊的开办时间确定了以后，伙伴们各自准备。张娜博士、王丽琴博士、黄建初老师、杨海燕老师、曹明老师、徐榕主任、姜美玲博士等都是第一届学习共同体暑期工作坊的发起人。

学习共同体工作坊的想法确认下来以后，大家的参与积极性非常高，本来确定的20人规模，在不到一周的时间里已经突破了100人。因为需要更大的场地，我们与东方小学、浦东中学、世博家园实验小学、南汇中学取得了联系，王万红校长、倪瑞明校长、冯征峥校长、王海平校长大力支持，四所学校都乐于承办此次活动。考虑到地理位置和会场大小，最后确定由浦东中学和世博家园实验小学承办。

此次暑期工作坊中我们提出了自己的研修主张，即学习共同体的工作坊就要按照学习共同体的方式来进行。参加工作坊的有以钟启泉教授为代表的多位专家学者，还有一线的校长、教师，与会的每一个人都有席卡，以四人一组的方式落座。每个组都有海报纸、彩笔、便签等，用以讨论和展示。没有专家讲座，上午播放课例录像，选取录像中的典型场景，由一位主持人来介绍情况，所有的人通过小组讨论和展示，对课例展开讨论。下午主要是对《教师的挑战》《学校的挑战》两本书进行共读和研讨。很多领航教师都是从那次工作坊当中真正走出来的，王晓叶老师、程春雨老师、芮莹老师等经常会回忆对第一届暑期工作坊的独特感受，他们都觉得那种完全平等、相互倾听的环境，令人产生了表达的愿望，也投入了更多的情感，这样的研讨让人感受到"我"和"我们"是多么重要。即便"我"是普通人，但在"我们"之中，"我"是被包容的、被尊重的，因此每一个小"我"都分外强大了，这就是学习共同体的力量！

之后，每年暑假我们都会举行"学习共同体领航教师研究坊"。与会者不仅来自上海，还有来自全国各地的学习共同体的践行者们，从第一届的100人发展到第四届的800多人。因为场地的限制，我们没有办法让所有愿意学习的教师都参与进来，于是我们又推出了现场直播的方式，为更多教师提供参与的机会。2016年的暑期工作坊结束以后，世博家园实验小学开始进行学习共同体的实践。在冯征峥校长的大力支持下，世博家园实验小学开始进行学习共同体的日常课例研究，其他学校的同仁不断加入，开放课堂、共同研讨的方式不断得到同仁们的认可和欢迎，世博家园实验小学承办了三届学习共同体的暑期研修活动。学习共同体的研究不断深入，教师们的实践也不断深化，互相学习，相得益彰，学习共同体的种子播撒到全国各地优秀教师的心中。

领航教师暑期研究坊的议程设计依据是教师的学习需求：倾听关系的建构、各个学科专家讲座、共同备课、研究课观摩、模拟课、共读名著等。很多教师经过四天的研究坊浸润式培训，回到自己的班级就可以按照学习共同体所倡导的方式上课，我们还通过建群以及网络培训等方式展开全程支持。建平中学的郭歆老师参加了第二届领航教师研究坊，并主动尝试上研究课，也正是因为这样的尝试，她回到自己的学校开始用这样的方式上课，学生们特别喜欢，于是郭歆老师逐渐发展成为上海的领航教师之一。泰州市姜堰区的郭建珍老师正是因为参加了第二届学习共同体暑期研究坊之后，回到学校后在不到三个月的时间就形成了良好的倾听关系，课堂风景为之一变。郭老师课堂变革的实践引发了当地教师们的效仿，姜堰区教育局以郭建珍老师的课例研究为起点，掀起了姜堰区全区学习共同体变革的大幕。很多优秀教育管理者或者教师来参加领航教师暑期研究，被震撼和感染，并引领本地区的改革。赤峰教育局的刘学民科长一直在进行课堂变革的探索，刘学民科长通过《中国教育报》的赵小雅主编联系到我们，参加了我们的研究坊和峰会，并带领赤峰的教育同仁进行探索和实践，成为学习共同体研究院的合作地区。目前，赤峰的小学、初中和高中都在进行学习共同体的改革实践，在当地的一些重点高中已经取得了很好的效果，并将学习共同体改革作为未来五年基础教育发展的战略来抓，逐渐改变着当地的教育生态。

我们希望通过研究坊这样的平台，让全国各地的专家和教师彼此交流，互相支持，特别是引导教师们进行教学的革新与创造。这三期暑期研究坊培育了很多优秀的领航教师，也让更多的学科专家加入我们的研究团队中。每一位教师如同一粒种子，种子在哪里扎根，就会萌发出一片绿意；每一位教师如同一艘白帆，白帆飘在哪里，都可以成为一片港湾。每一位教师的创造都是被认同的，每一所学校的努力都是被尊重的。通过大家在更大的平台上不断互动、交流、

共商、互学，一定可以引领更多的学校和教师前进。相信通过教育系统内外的共同努力，"保障每一位儿童高品质学习权"的愿景将会在我们的行动中逐渐变成现实。

四、学习共同体研究院成立，课堂变革的全国性网络形成

2017年12月，第一届学习共同体峰会召开，学习共同体研究院正式成立。这在学习共同体本土化研究与实践方面是新的里程碑。在此之前，学习共同体的论坛和课例研究活动是由研究人员、有意愿的校长和教师们自发组织的，是完全的"草根革命"。学习共同体研究院成立后，每一位乐于参与学习共同体改革的同仁有了自己真正的家，为学习共同体的本土化实践确立了方向，进行了系统性的策划，组织各个层面的专家、校长、教师等教育同仁；共同面对和解决中国教育的现实问题。

在本次峰会上，来自全国各地500多位同仁，就当前研究和实践中的热点与核心问题进行了深度的探讨，并且对各个学科的学习共同体研究课进行了深入的课例研究。我们保持着学习共同体的一贯传统，每一个参会的同仁都有机会发出自己的声音，我们的课堂观察和课后研讨是全员参与的，没有旁观者，每个人的观点都会被倾听、被关注，每一个人都在用自己的行动来践行学习共同体的理念。平等的个体发出不同的声音，这些声音汇成了和谐的"交响曲"。

在本次峰会上，确立了多个合作地区，形成了全国性的学习共同体的发展态势。学习共同体研究院组织专家前往各个地区进行系统化的支援，各个地区的经验和做法经过论证，也可以吸收到学习共同体的体系当中来。我们希望学习共同体的理论体系与实践策略因为更多的伙伴加入而不断丰富，我们用行动创造本土化的研究成果。2020年"第四届学习共同体全国教育峰会"在西安举行，学习共同体研究与实践的影响力不断扩大，北京、陕西、山东、福建、安

徽、江苏、浙江、内蒙古各地的教育同仁纷纷加入进来。

学习共同体研究院形成全国性研究与实践网络。学习共同体暑期研究坊、学习共同体峰会等论坛项目将持续展开，以上海为中心支持全国的实践。学习共同体研究院将继续加强各个合作地区的走访、互动，同时将进一步推动各地区学习共同体的发展。学习共同体研究院支持各个地区分会开展论坛、课例研究等活动，进一步辐射本地及其他各省市，带动更多的地区进行学习共同体的本土化研究与实践。

学习共同体研究院一直保持着贴近一线、贴近课堂、贴近教师、贴近学生的根本特征。我们用各种方式去支援个体教师的自发性变革，支持整校的学习共同体变革，支持区域性的教育生态变革，每位教师、每所学校、每个地区，也都在丰富和发展着学习共同体的内涵。从这个意义上说，这样良性的联结与互动，给予学习共同体以生命的动力和源泉，不但加速在中国的本土化生长，而且让中国的教育真正枝繁叶茂。

五、多元参与形成系列化研究成果，共同携手优化教育生态

十多年来，因为那么多人的鼓励、支持、参与，我们的研究与实践持续推进，不断开花结果。真心感谢那些一直信任、支持我们的学术前辈、校长和教师们，我们共有一个名字——学习共同体的本土化研究与推动者。在大家的共同努力下，我们开展了如下八方面的工作。

第一，全面了解中国课堂的复杂教育生态，以全身心参与的方式，对中国教育的现实进行全方位的调研和体察，对课堂和教学改革的困境更加了解，更加明确了研究的问题域，2019 年教育部重点课题"基于学生深度学习的教育生态重构"立项成功，获批 2020 年教育部国培综合改革项目"基于深度学习的小学语文课堂生态重构"，并圆满完成了第一批学员的培训。

第二，全学科、全学段、多地区、高频次的课堂观察与课例研究，确立了本土化课堂观察的基本方法，即基于焦点学生完整学习历程的课堂观察，建立了本土化课例研究的方法和范式。

第三，以大量的学生学习为核心的课堂观察和课例研究为基础，进入课堂研究的核心领域，课堂研究与实践互相促进，形成了学习共同体本土化课堂样态，并形成了一系列高品质论文和论著，一些研究成果开始引领课堂研究的话语系统。

第四，越来越多的教育教学专家加入学习共同体的探索中，带领一线教师共同研究，互相学习，培养和带动了一批有境界、有能力、有前景的优秀教师，亲眼见证了青年教师跳跃式发展的过程，坚定了研究与创造取向的教师专业发展之路的必要性与正确性。

第五，各个学段学生的学习心理、认知方式的研究不断深化，通过课堂变革来促进学生真实学习、深度学习，各个学段、各个学校学生的真实发展为学习共同体的本土化研究和实践提供了最有效的证明。

第六，公益性高峰论坛已经形成系统，在公益的旗帜下，参与学习共同体的专家、学者、教育同仁的研究专注度和研究水平不断提升，论坛在业界的引领作用已经越发突出。

第七，"100+ 计划"让更多的地区加入实践中，开始从试点阶段进入大规模的孵化阶段，实践样态和经验更加丰富，同时教育系统本身的矛盾也更加突显。要解决这些矛盾，不仅需要整个社会系统和教育体系的不断发展和自省，更需要我们这支研究队伍肩负起自身的责任。

第八，以本土化的研究成果，参与国际对话，在国际研讨会上发声。我们参与了 2019 年美国教育研究协会（AERA）以及世界学习共同体大会，以我们独创性的研究和实践成果，为解决世界共同面对的"教育质量和公平"贡献中国的智慧力量。从这个意义上说，我们确实是命运共同体。

以前瞻性、系统化研究引领学习共同体的迭代发展。我们将组织全国顶尖专家来牵头，进行学科本质研究（学科素养与知识地图）、学生学习心理与认知风格研究、教师专业标准与判断力、教学评价及其替代方案、数字化资源的替代方案等多方面的系统化研究，并将这些研究成果转化为高品质的学习设计，从根本上前瞻性地解决目前教育与课堂的核心困境与问题，全面提升课堂教学质量与教师的专业能力。"坚持研究立场"是学习共同体的一贯宗旨。我们所进行研究的根本准则就是学生学习的发生与学生终身发展，我们所有研究和实践的出发点和落脚点都来源于此。我们要与各国同行和各行业专业充分对话，互相交流，结合本土课堂生态的实际，融合本土化探索的经验，不断寻求学习共同体课堂的迭代与突破，在公平与质量的旗帜下，创造性地满足学生的学习需求，与这些课堂的亲历者们一起去发掘他们的潜能，让每一个学生都有机会自我突破，成为卓越而快乐的终身学习者。

中国目前所面临的情况更加复杂，各种矛盾、困难层出不穷，中国教育面临的挑战几乎可以说是难上加难。要面对教育这个关涉全民福祉的大课题，必须要所有人都团结起来，共同攻坚克难，互相信任，互相支持。只有这样，才能让教育中的问题不断得到澄清与解决，也使教育系统中的每一个人都在互信互助的氛围里。在我们看来，学习共同体是对教育生态的系统性改变，我们每个人既是变革的推动者，也是变革的受益者。从这个意义上说，社会中的每一个人都肩负着教育的义务与责任，我们不是社会的旁观者，而是命运的共同体。孩子的梦想就是我们努力的方向，让我们相信学习共同体的力量。

参考文献：

[1] 佐藤学, 钟启泉. 渲染的危机与忽略的实态——逃避"学习"的日本儿童们（之一）[J]. 上海教育, 2001（12）: 60-61.

[2] 佐藤学. 教师的挑战: 宁静的课堂革命 [M]. 钟启泉, 陈静静, 译. 上海: 华东师范大学出版社, 2012.

[3] 陈静静. 揭开学习的奥秘: 焦点学生学习历程观察与分析 [J]. 教育科学, 2020（3）: 52-57.

[4] 陈静静, 谈杨. 课堂的困境与变革: 从浅表学习到深度学习——基于对中小学生真实学习历程的长期考察 [J]. 教育发展研究, 2018（Z2）: 90-96.

School as Learning Community: Review of the Past Decades and Prospect for the Future

CHEN Jingjing

(College of Education, Shanghai Normal University, Shanghai 200234, China)

Abstract: School as Learning Community provides guidelines and methods for school and classroom transformation. Its vision is to guarantee the right of every student to learn. This paper is review-based, explaining the SLC development from discovering SLC classes' distinct features, unveiling and solving the problems in Chinese classrooms, continuously carrying out lesson study and aseries of workshops, to building SLC institutes. It reflects on the course of localization research and practice of SLC and then puts forward a systematic solution to educational ecological reform based on "deep learning".

Key words: School as Learning Community, Deep Learning, Right to Learn, Lesson Study, Classroom Transformation

（责任编辑：袁玲 苏娇）

尊德性而道问学：论课堂问学力及其教学转化

李 凯

（华东师范大学课程与教学研究所 上海 200062）

[摘 要] 在我国教育传统中，历来重视问与学，两者相辅相成，互相促进，并逐渐衍生出一种学习者自身所具有的综合能力，可称之为"问学力"。当前中小学课堂问学力表现出力不能及、无能为力、有心无力的孱弱状态。为了破解这种窘境，促进教师有效培养学生强有力的课堂问学力，就需要探讨问学力产生、发展、作用的机制，特别是课堂问学力化事实为疑问、化疑问为问题、化问题为探究、化探究为分享的教学转化路径。

[关键词] 关键能力 问学 困境 转化

儒家经典《礼记·中庸》中指出"故君子尊德性而道问学"。"尊德性"反映了一种理想和目标，而"道问学"则阐明了君子、贤人如何通过问学、求知的途径实现至诚的德性境界。[1] 由此，也逐渐衍生出一种学习者自身所具有的综合能力——问学力，表现为学习者在学习过程中，能够自主能动地发现问题、生成问题、探究问题，并创造性地解决问题。科学地理解课堂问学力的背景与要义，理性地分析当前课堂情境中的困境与危机，正确地把握课堂问学力的作用与机制，能够为教育者如何发展和转化学生课堂提问与学习的能力提供可行的教学转化路径与突破口。

一、共识的追寻：课堂问学力的要义

假如人们对其正在寻找的东西没有清晰的认识，任何观察和实验都会无济于事。没有清晰的概念，也就不可能有正确的认知。[2] 探讨一个概念，开宗明义地对这个概念加以定义，似乎已经成为一种自然而必要的做法。作为课堂中一种隐含的力量，问学力与教育的发展有着千丝万缕的联系。透彻地理解课堂问学力的种种特征及其来龙去脉，既是一种历史的召唤，又是一种现实的诉求。因此，对问学力作一番必要的检视，需要我们充分认识其背景，深刻把握其要义。可以讲，作为学习者自身所具有的综合能力，问学力

基金项目：本文是华东师范大学教育学部第六届科研基金重点项目"新时代校外教育内涵式发展路径研究"（项目编号：ECNUFOE2020ZD016）的阶段性成果。
作者简介：李凯，华东师范大学课程与教学研究所博士研究生，主要从事课程与教学论、比较教育研究。

具有不同的维度、要件、指向。（见表1）

表1 课堂问学力的要义

两大维度	问、学
四个要件	发现、生成、探究、解决
三点指向	有参与、有产出；有改变、有迁移；有提升、有贡献

（一）问学力即学生"带得走"的关键能力

21世纪正以全新的、强有力的、令人惊诧的方式，挑战和重塑我们的社会根基。年轻一代迫切需要具备解决复杂情境中的问题所需的关键素养，才能以不变应万变。学校教育需要培养学生一种兼具专业性、实用性的"即战力"和"带得走"的能力。如果无法教给学生足够开放以及用途宽广的学习能力，就无法使得他们成为成功的终身学习者。学校所教的应该是学生"带得走"的能力，能够陪伴学生行走一生。学生通过学习能够获得可迁移的知识，变得极为关键。

传统的教学，往往采取灌输的方式教授知识，不足以满足发展学生解决问题技能的需要。如果我们只是灌输式地告诉学生我们对世界的认识，并且再让他们机械地回忆起我们曾经告诉他们的内容，这不但是我们对学习者的不尊重，而且也妨碍了他们认识论的发展，阻碍了他们发展技能所需要的解决问题的知识。

有力的课堂学习皆围绕着提问或者解决问题而展开。作为课堂中使用较多的教学策略，提问是仅次于教师讲授的方式。教师花费了高达50%的教学时间提出问题，[3]教师提出的绝大多数问题处于最低级的认知水平——基本的事实和知识的回忆。[4]低水平、表层的问题导致低水平、表层的回答，高阶的问题会使得学生产生更深度的理解。[5]问题解决的教与学是一种有力的学习，如何实现问题解决的教与学，便成为核心素养转化的重要落脚点。当代课堂愈发追求一种有深度的学习，深度学习的产物是可迁移的知识，包括某一领域中的内容知识，以及如何、

为何、何时应用这些知识来回答问题和解决问题的知识。[6]学生的学习应该是有层次的，从理解到应用，从刺激到动机、兴趣乃至旨趣。教育和技能训练的目标，更加明显地指向问题的解决。学生所需要的是学会如何解决问题，以便在日常生活中发挥作用和实现一种专业化的生活。原因很简单，在日常生活中，很少有人会因为记住某些事实或者参加考试而得到报酬，绝大多数人是因为解决了问题而得到了报酬。

（二）问学力融通了课堂教学中的问与学

课堂问学力有两大维度，即问与学。问，代表着问学力的一个重要维度，一方面包含了问题、疑问，问题的主要类型的区分，很大程度上是在回答事实性知识的记忆问题与需要更高阶思维技能问题的差异；[7]另一方面涵盖了提问、诘问、疑问等问题提出与行为呈现的过程。作为儒家经典的《论语》，仅仅"问"字就出现了120次。《论语》中动词"问"除了极少的几个用例作"问候""慰问"讲，绝大多数是"询问"义。[8]从以孔孟为代表的儒家学派来看，"问题"最直观的表现为"问"与"疑"，儒家把问题意识视为君子的一种美好的习惯、良好的品质。"疑是思之始，学之端"，问题意识能够引发思考，是真正的学习的开始。

学，代表着问学力的另一个维度。一般而言，学习是有机体适应环境的手段。有机体为了生存与适应，必须不断地改变自己的行为。经验积累引起的行为倾向变化的过程，也就是学习的过程。[9]学习的定位，应是指向学生的生成、生长和发展。一方面包含着学生习得、汲取新知识的能力和过程；另一方面也蕴含着学生迁移运用的尝试，能够在复杂的情境中运用所学的知识。学习重在"审问"，与发散性思维和反思性思维紧密相连。苏格拉底提出了产婆术的教育方式，其目的不仅仅在于传递知识，更重要的是通过诘问的方法使学习者获得有用的知识。一般答案似乎都仅仅是对当时传统思想和知识的复述，而不具有批判性，但苏格拉底经常提出自己的答案。即使这样，他也总是通过一系列深刻的问题形式作出解答，总是不断从学生的角度去审视教

学方法。[10]

（三）问学力蕴含了"发现、生成、探究、解决"四个要件

在人的一生中，每个人都会习得许多行动能力。有一种很动人的说法，教学是帮助学生获得能力，而学习的要义就是在于这些能力的获得。问学力有四大要件，表现在学习过程中，即发现问题、生成问题、探究问题、解决问题。教师会有各种各样的教学目标，而在这些教学目标中，学生能够提出恰当的问题，发起对这些问题的探索，获取一定的关键技能，能够把这些技能带到未来的课程学习与生活经验中，这是我们一直以来的期许。

发现，意味着学生带着一种好奇与惊喜，富有感情地亲近学习的内容；意味着学生带着一种寻求真实与破解真相的思维，开始学习之旅。发现，蕴含着观察、倾听、感知与体悟。孩子最初的教育，是源于对自然的观察和发现。在他们充满好奇与惊讶的眼神中，孕育着学习的渴望。生成，则反映了学生将疑问、质疑、好奇心转化为问题的能力。好奇心不能持久，唯有转化成可以解决的、具象的问题时，才能够唤起更深层次的反省与思考，以及积极主动地利用关键问题的强烈愿望。学生应该有一套相互关联、环环相扣的关键问题意识，恰如其分地提出和回答关键问题的能力。[11] 探究，反映了学生的自主和自我参与，问题没有经过亲身的体验、反思、解决，是获取不了知识的。探究可以是一种认识的过程。杜威强调认识具有强烈的实践和实用的目的，而且用探究（inquiry）这个更具动态的词来意指认知过程。[12] 解决，表现为问题解决。问题解决能力是在一个充满变化、不确定性和惊奇的世界中，我们实现进取性目标的一种关键能力。这要求我们必须遵循一种有思想力的方式，有效地习得适应未知情境的知识，并创造性地运用新的和已存在的知识。[13]

（四）问学力具有三种进阶性的指向

强有力的问学力，能够促进有意义的关键学习经验的产生。问学力有三大关键的指向：一是有参与、有产出，在有意义的关键学习经验中，具有强有力的问学力的学生，不仅能够主动地参与自己的学习，而且有充沛的精力参与其中，整个过程会产出重要的结果。二是有改变、有迁移，学生不仅能够学会每一节课的内容，而且在课程结束之后，他们也有明显的改变，学会了重要的内容，这些学习对他们的未来生活也会有所贡献。三是有提升、有贡献，有意义的关键学习经验能够改善个人的生活，让他们能够对所在的社群贡献自己的所学，通过发展让自己更专业的技能和必要的态度，来适应未来世界。

二、问题的剖析：课堂问学力的三重窘境

在当下我们的课堂教学之中，教师与学生之间似乎存在着某种错位，"提出问题的人——教师——寻求的不是知识；而寻求知识的人——学生——却提不出问题"[14]。课堂问学力存在着不容忽视的困境与危机，表现羸弱，存在着力不能及、无能为力、有心无力的恶性循环。

（一）力不能及

课堂问学力羸弱的第一个表现是力不能及，表现为力量达不到，不足以支撑起有效的教学与学习活动。问学力在学生学习过程中，最直接的活动就是教学。课堂教学是学校教育的最基本的组织形态。就课堂教学上的情况而言，传统的师生问答的互动方式又大致分为以下三种情况：第一种是教师叫一个学生站起来回答问题；第二种是教师问，全体学生齐声回答；第三种是教师问，学生七嘴八舌地杂声回答。课堂互动的缺陷是没有学生向教师发问……学生回答问题大多用的是课文上现成的话。[15] 古语有言"善待问者如撞钟"，教师对待学生的提问就像撞钟一样，力度不一样，效果就不同。从当前课堂互动来看，教师缺少对学生"设身处地"式的理解与分析，抛给学生的课堂问题，很大程度上缺少系统化、结构化的组织。课堂问题设计表现出各种不一致：与学生学情不一致，与学习内容不一致，与学习目标不一致。教师的问题设计表现出滞后性和延续性，教师预设的问题情境，很多都与

学生的现代生活表现格格不入，往往并没有考虑到"时过境迁"，也没有顾及学生的差异性。

（二）无能为力

课堂问学力孱弱的第二个表现是无能为力，即学生低效参与，各种"不"问。学生的低效参与，可以归类为两种典型的课堂样态：一种是闹哄哄的课堂；另一种是沉默无声的课堂。闹哄哄的课堂包含着两种情形：一种是"一窝蜂"现象，课堂气氛活跃，学生兴致极高，个个都高举着手，但是当教师让其回答问题时，学生却答不出、讲不上来，或者回答得吞吞吐吐，实质上的确理解不了、抓不住关键内容；另一种是"两头热，中间冷"的情形，"两头热"是教师和成绩表现好的学生比较热情，"中间冷"即成绩表现一般或者不甚理想的学生往往不冷不热，敷衍了事，最后成为讨论与互动的"边缘人"。沉默无声的课堂表现为学生各种"不"问：一是"不会问"，学生不知道问哪些问题，不知道如何清晰地表达出自己的困惑，学生会这样讲，"我知道做个善思明辨的人很好，会问很多恰到好处的问题，可我就是不知道该问哪些问题，不知道怎么问"；二是"不敢问"，学生缺乏质疑精神，不敢主动地向教师提出问题，怕教师批评或者同学嘲笑；三是"不想问"，有的学生把提问视为一种没学好的表现，有的则认为提问是给教师难堪。

这两种看起来迥然不同的课堂形态，都折射出一种以问题解决为核心的课堂问学力的缺失。从一开始，学生们就感受着学校和课堂环境，而这些环境把他们限制在与教育目标正好相反的行为中——寻求"正确的"答案，遵从并复制已知的答案……多数课堂里存在着那种平淡的、中立的、毫无感情的氛围所造成的影响。乏味就像流行病一样蔓延在我们的学校里。[16]

（三）有心无力

课堂问学力孱弱的第三个表现是有心无力。教师围绕着学生学习设计问题缺乏层次，问而无用。在教学中，一个基本的现实是，我们的学生之间有差异，表现在他们的背景知识、技能层次和经验上，存在于在他们的兴趣上，突显在他们的学习风格和展示方式上。就教与学的问题而言，问题会由于解决它们所需要的知识、它们呈现的形式、需要解决的过程而不同。因而要有分类，考虑问题的结构性、复杂性、动态性、领域特殊性，避免"一刀切"。大多数的课堂问题设计，还是围绕着"是什么"的事实问题，缺乏"为什么""如何做"等反思性、驱动性、启发性的课堂问题。具体而言，一类是缺乏问题分类，缺少核心问题与非核心问题的区分，缺少基于不同类型学习任务而进行的问题设计，没有根据学习情境需要或者学习单元主题的特殊性而针对性地设置问题。另一类是疏于知识层次的分类，对于知识的迁移与应用涉及寥寥无几，问题往往关注"是什么"的事实性和概念性的知识内容，而对于涉及"为什么"的分析与反思性的问题，以及"怎么做"的解决与应用性的问题，往往相对较少，缺乏一套环环相扣、相互关联的关键问题体系。

三、理论的审视：课堂问学力的运行机制

如果要组织有效果的行动并达到预期的目的，必须对社会制度的功能进行细致的分析，而且要同它们意欲满足的需要结合起来分析，也要同它们的运转所依赖的其他制度联系起来分析，以达到对情况的适当的阐述。[17] 为了达到有力的课堂问学力的效果，就需要对课堂问学力产生、发展、作用的机制有所认知。

（一）学则须疑：课堂问学力的来源

就课堂问学力的源头而言，"问"是起点。古今中外，关于教学之中问题的重要价值，都有一种放之四海而皆准的共识，那就是"学则须疑"。《论语·为政》提到"多闻阙疑"，强调虽然见多识广，有不懂的地方，还应该存有疑问。可疑而不疑者不曾学，学则须疑。从不中止对异乎寻常之事去体验，去看，去听，去怀疑，去希望和梦想，这个人就是哲学家。无疑，这些都反映出一个经典的智慧，即学习需要发现问题。可以说，问题是教学与学习的起点，也是学习与教学过程中不可或缺的事物。课堂问学力的源头有

三个基本的共识：学习必须要有问题，问题是学习的起点；问题的价值在于检验旧的知识，生成新的见解；问题是学习过程中达到"不疑""不惑"的必经之路。

（二）疑则有进：课堂问学力的价值

从课堂问学力的价值来看，发现问题、解决问题，是个体取得进步的条件，是真正的学习。《周易·乾·文言》中指出，"君子学以聚之，问以辩之"，这里把"问"作为领会知识和掌握所学知识的重要环节。陈献章总结说，"学贵知疑，小疑则小进，大疑则大进"。学习者的成长，离不开问题的推动，个人进步的多少，很大程度上与他的怀疑精神、问题意识有关系。陆九渊也认为，"为学患无疑，疑则有进"。就是说做学问、个人学习最怕的是没有疑问，提不出问题；有了困惑，问题经过思考得到解决，学习才能有所收获。可以说，如果学习者不能筹划他自己解决问题的方法，自己寻找出路，他就学不到什么；即使他能背出一些正确的答案，百分之百正确，他还是学不到什么。[18]

（三）知其所归：课堂问学力的归宿

《庄子·齐物论》中提到，"终身役役而不见其成功，苶然疲役而不知其所归，可不哀邪"，刻画和诉说了一种终其一生而不知其所归的情形。在当代许多的课堂实践中，这种不知道"归宿"的景象依然存在。教师虽有问题设计，但却不能正确理解问题的落脚点和指向。教与学的问题要做到"知其所归"，要将问题的落脚点聚焦于学习目标，服务于学生的学习。更具体地说，是为学生的学习提供有效的反馈，即明确学生"我将要到哪里"，引导学生"我怎样去"，以及提出"下一步去哪里"。教与学的"问题"在于使得学生知其所学，学以致用，创造性地思考。激发学生更深入地思考问题，深化知识的理解，拓宽知识和思维的广度，激发学生的好奇心、想象力，鼓励学生分享他们的学习。

（四）转识成智：课堂问学力的境界

"知者不惑，仁者不忧，勇者不惧"，表达了君子的三种境界。其中，"不惑"可以视为学习过程中的重要境界。教与学的问题在于使学习者"不惑"，走向"转识成智"。"转识成智"，原是佛家用语，这里的"识"是指关于外界事物的客观性知识；"智"是指生活的智慧或生活的原理。"转识成智"，就是我们如何将关于事物的知识转化为人生的智慧，或者套用儒家的语言，我们如何将"知见之知"化为"心体之知（智慧）"。[19]强调课堂问学力，重视教学中的"问题"，有助于提升课堂对话的开放性与启发性，增进学习者的理解与反思。教学"问题"的最终目标或诉求是使学生能够实现或者接近"不惑"，更进一步地实现"转识成智"。教学中问学力的最高境界就是把传递的知识转化为学生个体的知识，把学生个体的知识转化为个性化智慧，即认识外部多元环境和解决复杂问题的能力。

四、实践的改进：课堂问学力的教学转化

在核心素养时代，愈发关注问题解决，强调一种能够使学生将从某一情境中的所学应用到新情境中的学习过程，亟须重视和发展课堂问学力。教师在教学过程中要把握好课堂问学力教学转化的路径，沿着化事实为疑问、化疑问为问题、化问题为探究、化探究为分享的主线设计好教学与学习活动。

（一）问学力的孕育：化事实为疑问

课堂问学力的孕育，起点在于化事实为疑问。在教与学的开始，激发学生的好奇心和问题意识尤为重要。我们可以把学习内容视为一种事实，比如课程标准、教材内容、课文等，包含着学生必须掌握的事实性知识。教师处理这些内容时，应该努力将"是什么"转化为一种"为什么""它为何会这样"的形式。呈现一段学习的内容，教师要层层设计，巧妙地设置疑问，要让学生产生疑问，"为什么会这样""这样是对的吗"。从看起来平淡无奇的学习内容中，巧妙地穿插疑问，进而转换为一种兴趣，激发学生的好奇心，培养学生继续学习的动机。

追求深度的课堂问学力的"问题"，首先，要

反映学生的"最近发展区",勾勒出学生要达到的目标状态和当前状态的差异;其次,要具有一定的社会、文化或者智力价值,强调发现或者解决未知的问题,必须能够反映出学生解决复杂情境问题的知识。如果将问题置于学习的两种过程之中,问题需要考虑以下几个关键词:情境性、刺激性、互动性,另外还要涉及问题层次的分类与学习内容的拆解。真正的优质教学应当是知识的建构;是教师引导学生同教科书对话,同他者对话,同自己的内心对话;是合乎学科本质、基于相互倾听关系而展开"挑战性学习"的活动。[20]

(二)问学力的发展:化疑问为问题

仅仅有疑问,而没有跟进的问题设计是不够的。追求有意义的教与学,必须要将疑问转化为有价值的问题,教师要有问题分类的思维与问题分层的行动。由疑问的好奇之心转换为教与学的核心问题是关键一步。对于问题的设计与生成,可以按照核心问题与非核心问题进行分类设计。可以说,最关键的是找到学习过程中的核心问题。核心问题有三种意义:一是包含了重要的和永恒的两种语义,代表着教育不仅仅只是学习答案,更是要学习如何思考、如何提高和如何持续学习;二是指基本的或基础的,核心问题反映了一个学科领域当中关键的探究、重要的概念等;三是对个人理解而言极其不可或缺,就教与学的角度来看,就是学生在学习核心内容时所需要的理解。核心问题能够激发持续思考和探究,引起更多的问题、讨论与辩证等。

化疑问为问题,一个重要的前提在于问题的产生与设计要紧紧围绕着学生学习知识的层次而展开。诺曼·韦伯设计并提出一种知识深度的模型,展示了学生怎样广泛地理解和知晓所学习的概念和内容。[21]知识深度分为四个层次:第一级水平是"回忆和再现",学生能够描述需要被掌握和发展的知识,以实现对于文本和主题的深入思考;第二级水平是"技能和概念的应用",学生表达出知识如何可以被用来回答问题、解决问题、完成任务或分析文本与主题;第三级水平是"策略性的思考与推理",学生能够检查和解

释为什么知识可以被用来维护和支持回应与结果;第四级水平是"拓展思维",学生能够研究和分享在不同种类的学术性和真实世界情境中"什么样"的知识可以被使用或如何被使用。

(三)问学力的运用:化问题为探究

课堂问学力得以运用,必要的步骤在于化问题为探究。成功的探究会引导我们去"看见"和"掌握"那些一开始看起来很令人迷惑、晦暗不明或零碎片段的事物,并逐渐"建构出意义",所以提问的目的是要增加全新的、更具启发性的意义。探究的背后,就是学习任务的设计与安排,创设与提供问题的情境,学生能够发现知识如何可以被用来回答与解决问题、完成任务或分析原因与联系。有力的课堂问学力关注完整的学习过程,聚焦于内容、动机与互动三个维度。传统学习强化学习者的功能性,即内容维度。动机维度实际上是学习者建立自身与环境的敏感度、保持心智与身体平衡、调和学习过程的重要的情感基础。互动维度关注的是学习的社会性,即真正的学习是个体与其所处的社会及物质性环境之间的持续不断、多种多样的活动、对话与合作,是个体在相应社会情境中与共同体的整合,是发生在具体的社会情感的境脉之中。

(四)问学力的内化:化探究为分享

课堂问学力内化为学生自身的品质,重要的路径在于"化探究为分享"。探究后获得的学习成果或体验,能够以分享的方式得到展示,既能够催生学生的成就感,也能反映出学生在学习过程之中知识的掌握、理解与应用的程度,发现学生的迷思与困惑。分享的目的在于展示、交流与反思。其中,交流在于促进和鼓励学生去探索和评价具体学科领域的概念和内容之间的联系,引导学生围绕着在一门学科中学到的概念和内容,分享符合可以用于解决和回答不同学术情境和现实生活情境的问题、难题;反思,则是引导学生从研究是谁(who)、是什么(what)、何时(when)和何地(where)的基本问题,走向关注深层的原因、效果、影响和后果。就某学科的关键概念,学生能够知晓这些概念"怎么样""为

什么"，明确需要掌握的内容，解释答案、过程和结果，从而最终实现学生自如地转化、迁移这些概念和内容来解决跨学科和超越课堂之外的学术性以及真实世界的观念和问题。

总之，沿着"化事实为疑问、化疑问为问题、化问题为探究、化探究为分享"这条课堂问学力的教学转化路径，教师应当迫切寻求的是能够让学生把握住学习过程中的三个关键节点：一是主动进行持续的探究，不满足于表面、空洞的答案；二是能够在学习过程中主动补充探究所需要的新知识；三是发现所学内容是如何在学科之间产生联结，形成可迁移应用的大概念。值得反思和关注的是面向 21 世纪关键技能培养的课堂，更期许一种协作式、开放式的课堂样态。在合作学习的课堂里，每一个学生与教师一道奏响着同声相应、同气相求的交响曲。学习是同新的世界的"相遇"与"对话"，是师生基于对话的"冲刺"与"挑战"。[22] 强调课堂问学力，背后是一种强大而急切地转变学生学习方式的愿望，学习再也不应当是在教师指令式与体罚式的死缠烂打和推着学生去前进，恰恰相反，更应该是教师给学生多样的机会与空间，引导学生发现真正的问题并主动地探索、合作地学习，发现学习的快乐。

参考文献：

[1] 韩星 . 《中庸》"尊德性而道问学"章疏解 [J]. 朱子学刊, 2015（1）: 8-19.

[2] 沃尔夫冈·布列钦卡 . 教育科学的基本概念：分析、批评和建议 [M]. 胡劲松, 译 . 上海：华东师范大学出版社, 2001: 11.

[3] Black S. Ask me a question: How teachers use inquiry in a classroom[J]. American School Board Journal, 2001（5）: 43-45.

[4] Walsh J A, Sattes B D. Quality questioning: Research-based practice to engage every learner[M]. Thousand Oask, CA: Corwin Press, 2016.

[5] Hattie J. Visible learning: A synthesis of over 800 meta-analyses relating to achievement[M]. London & New York: Routledge, 2008.

[6] 祝智庭, 彭红超 . 深度学习：智慧教育的核心支柱 [J]. 中国教育学刊, 2017（5）: 36-45.

[7] 约翰·S·布鲁巴克 . 教育问题史 [M]. 单中惠, 王强, 译 . 济南：山东教育出版社, 2012: 184.

[8] 唐啟运 . 论《论语》的"问"字句 [J]. 华南师范大学学报（社会科学版）, 1987（1）: 80-85.

[9] Eliasson N, Karlsson K G, Sørensen H. The role of questions in the science classroom–how girls and boys respond to teachers' questions[J]. International Journal of Science Education, 2017（4）: 433-452.

[10] 施良方 . 学习论 [M]. 北京：人民教育出版社, 2001: 2.

[11] 尼尔·布朗, 斯图尔特·基利 . 学会提问 [M]. 吴礼敬, 译 . 北京：机械工业出版社, 2013: 1-3.

[12] 徐陶 . 论探究概念在杜威哲学中的重要地位 [J]. 学术探索, 2009（1）: 9-13.

[13] Csapó B, Funke J. The nature of problem solving: Using research to inspire 21st century learning[M]. Paris: OECD Publishing, 2017.

[14] 黄显华, 霍秉坤, 徐慧璇 . 现代学习与教学论：性质、关系和研究（第一卷）[M]. 北京：人民教育出版社, 2014: 121.

[15] 李书磊 . 村落中的"国家"——文化变迁中的乡村学校 [M]. 杭州：浙江人民出版社, 1999: 70.

[16] 约翰·I·古德莱得 . 一个被称作学校的地方（修订版）[M]. 苏智欣, 胡玲, 陈建华, 译 . 上海：华东师范大学出版社, 2014: 209-210.

[17] 费孝通 . 江村经济 [M]. 北京：北京大学出版社, 2012: 5.

[18] 约翰·杜威 . 民主主义与教育 [M]. 王承绪, 译 . 北京：人民教育出版社, 1990: 175.

[19] 胡伟希 . 转识成智——清华学派与 20 世纪中国哲学 [M]. 上海：华东师范大学出版社, 2005: 83.

[20] 钟启泉 . 打造多声对话的课堂世界 [N]. 中国教育报, 2016-09-22（7）.

[21] Webb N L. Criteria for alignment of expectations and assessments on mathematics and science education [R]. Washington, DC: Council of Chief State School Officers, 1997.

[22] 佐藤学 . 教师的挑战：宁静的课堂革命 [M]. 钟启泉, 陈静静, 译 . 上海：华东师范大学出版社, 2012.

（下转 117 页）

走向深度学习的高中语文学习设计
——以《我们是怎样过母亲节的》为例

郑艳红

（上海师范大学附属第二外国语学校 上海 201399）

[摘 要] 深度学习是学生在急遽改变中的世界获取成果需要具备的知识与技能。全身心地投入、复杂的思维过程、丰富的学习成果、持续深化学习的状态是深度学习的主要特征。为使学生进入深度学习的状态，教师要提升自身的学习设计能力，即从学生多样化的学习需求、认知能力和经验世界出发，设计学习任务框架，以最合理优化的方式进行组织和呈现，使学生获得更好的学习体验和学习效果。本文基于高中语文课程定位以及高中生的身心特点，提出系统化深度学习设计的基本框架，结合《我们是怎样过母亲节的》课例，从学习目标、学习环境、学习方式、学习任务设计等方面阐述深度学习设计的实施策略，并从表现性评价诊断深度学习的成效。

[关键词] 深度学习 高中语文 学习设计 学习共同体

《普通高中语文课程标准（2017年版）》（以下简称《课程标准》）对教师提出明确要求："应关注学生学习方式的转变，做好学生语文学习活动的设计、引导和组织，注重学习的效果。"[1]但是长期以来，语文教师以现成知识讲授者身份自居，较少考虑学生知识的自主建构和创造，往往从"如何教"的角度进行教学设计，而较少从促进学生深度学习的角度进行学习设计。从教师设计思路来看，以教师的教为中心，较多考虑语文学科的基本逻辑，较少考虑学生的学习需求和学习困境等，学生的真实问题往往在课堂上得不到解决；从实际课堂教学来看，对本学科和学段的内容缺少系统性把握和理解，课堂上讲解的知识细碎、庞杂，问题多且缺少应有的逻辑关联，学生难以把握教师教学的真正意图，只能被动参与课堂学习，对学习缺乏兴趣，难以产生真正的迁移和提升创造性地解决问题的能力。长此以往，许多学生在课堂上成为教师的配合者和应对者，甚至成为"观光客"，他们在课堂中处于"虚假学习"和"浅层学习"的状态，学习效果堪忧。要使学生从浅层学习走向深度学习，教师一方面要关注学生多样化的学习需求、认知能力和经验世

基金项目：本文是2019年全国教育科学规划课题教育部重点课题"基于学生深度学习的教育生态重构"（课题编号：DHA190381）的阶段性成果。

作者简介：郑艳红，上海师范大学附属第二外国语学校教育研究中心副主任，中学高级教师，主要从事高中语文学习共同体、深度学习研究。

界；另一方面要提升自身的学习设计力，以高品质的学习设计为学生创设更好的学习环境、学习体验、学习过程，从而使学生获得更好的学习成果，并不断深化自身的学习与探索。因此，走向深度学习的学习设计力是教师必须具备的能力素养，也是保障每一位学生学习权的必然选择。

一、深度学习的内涵与特征

（一）深度学习的内涵

20 世纪 70 年代，美国学者弗伦斯·马顿和罗杰·萨尔乔首次提出并阐述了"浅层学习"和"深度学习"的概念。相较于鼓励记忆和非批判性接受知识的浅层学习，深度学习是指学习者在理解学习的基础上，批判性地学习新思想和新事实，将它们融入原有的认知结构，在众多思想间进行联系，并能够将已有的知识迁移到新的情境中，作出决策和解决问题的学习。[2]事实上，布卢姆在《教育目标分类学》中关于认知维度层次的划分中就已经蕴含了"学习有深浅之分"的观点。布卢姆对认知领域学习目标进行了分类，依次为"记忆、理解、应用、分析、评价及创造"六个层次。其中，浅层学习的认知水平停留在前两个层次，而深度学习的认知水平对应后四个层次。也就是说，浅层学习处于较低认知水平，是一种低级认知技能的获得，涉及低阶思维活动；

深度学习则处于高级认知水平，涉及高阶思维活动。[3]美国教育研究会将深度学习进一步细化为认知、人际、自我三大领域，形成深度学习在领域维度与能力维度的兼容性框架。（见表 1）

国内有学者认为深度学习是基于学习者自发的、自主性的内在学习动机，并依靠对问题本身探究的内在兴趣持续的，一种长期的、全身心投入的持久学习力。从动机情感、认知、人际三大领域重构深度学习模型：从动机情感领域来看，深度学习是全身心投入，进入一种忘我状态；从认知领域来看，深度学习是深度理解和掌握，指向高阶思维、问题解决能力；从人际领域来看，深度学习是学习者能自我接纳，与他人有效沟通，并能协同解决问题。[4]

（二）深度学习的特征

美国威廉与弗洛拉·休利特基金会基于深度学习是学生在急遽改变中的世界里获得成果所需的知识与技能，提供了关于深度学习的六个主要特征：一是掌握核心学术内容，即学生对每门课程的核心概念的理解，懂得如何将这些概念进行联系，如何运用所获得的技能从事同一内容领域或其他领域更高级的学习；二是批判性思维和问题解决；三是合作，从积极倾听他人观点，到多种思维方式的情境中的冲突解决；四是书面和口头交流；五是为学会学习做好准备；六是学术思维。[5]

表 1　深度学习在领域维度与能力维度的兼容性框架

领域维度	能力维度
认知领域	掌握核心学术内容
	批判性思维和问题解决
人际领域	有效沟通
	协作能力
自我领域	学会学习
	学术心志

（资料来源：American Institutes for Research.Evidence of deeper learning outcomes[DB/OL].[2017-04-08].http://www.air.org/sites/default/files/downloads/report/Report_3_Evidence_of_Deeper_Learning_Outcomes.pdf.）

笔者多年来在高中语文课堂上实践学习共同体,以走向深度学习的高中语文学习设计为载体,从人际、认知、动机情感三大领域来培育学习者,并采用"焦点学生完整学习历程的课堂观察与关键事件分析"的新范式,对学生的学习进行研究,发现走向深度学习的学生在课堂上呈现四个主要特征:一是全身心地投入。学习者在认知、情感及行为上的积极投入。二是复杂的思维过程。学习者基于理解的学习,关注深层次的信息加工、主动的知识建构、有效的知识迁移以及真实问题的解决。三是丰富的学习成果。关注学习者认知结构的完善、关键能力的发展和复杂情感的体验。四是持续深化学习的状态。指向学习者的终身学习和全面而有个性的发展。(见图1)

深度学习可以理解为一个过程,学习者通过这一过程,能够将一种情境中所学的知识应用于新情境中。通过深度学习,学习者超越死记硬背或程序性知识,获得学科领域的专业知识,并能理解如何、为何应用所学知识。当学习者认识到新的问题或者情境与之前学到的知识发生关联时,就能够运用学到的知识和技能来解决问题。[6]因此,深度学习最主要的特征是知识、能力的迁移和创造。

国内外研究者对于深度学习发生机制的探索,反映当下课堂深度学习的实践需求,引发教师探索走向深度学习的学习设计与实施策略。

二、范式转换:从教学设计到走向深度学习的学习设计

(一)高中语文的课程定位

当前背景下的高中语文教师要以《课程标准》为依据,从高中生的特点和需要出发,进行系统的学习设计,从而不断提升学生的学习质量。《课程标准》中指出,"普通高中的培养目标是进一步提升学生的综合素质,着力发展核心素养,使学生具有理想信念和社会责任感,具有科学文化素养和终身学习能力,具有自主发展能力和沟通合作能力",提出语文作为一门实践性课程,教师"要引导学生在语言文字运用的过程中发现问题,培养探究意识和发现问题的敏感性,探求解决问题和语言表达的创新路径"[7]。

新课标课程性质改变了以教师的教为中心的教学模式,学习行为本身指向了语文核心素养而不仅仅是语文知识和技能的掌握。素养并不是在教师单向传授知识和功利化的训练技能中实现,是"学生在积极的语言实践活动中积累与构建起来,并在真实的语言运用情境中表现出来的语言能力及其品质"[8]。核心素养要求我们从关注教师的"教"转向学生的"学"。也就是在真实情境

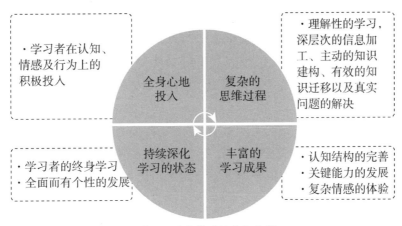

图1 深度学习的特征分析

下，确定与语文核心素养生成、发展、提升相关的主题，组织学习资源，设计多样的学习任务，让学生通过阅读与鉴赏、表达与交流、梳理与探究的活动，自主体验，解决问题，发展个性，提高思维能力，最终形成理解和应用系统。由此可见，语文课已经从课堂上以知识、文本、训练为中心转变为学生通过实践解决问题，积累语言文字运用的经验，提高语文能力，提升语文素养的新样态。

（二）走向深度学习的高中语文学习设计

从目前高中语文教学的现状来看，以教师的教为中心的教学方式仍然占据很大的比例。学生在这样的课堂上缺乏语言实践的机会，因此自主运用语言的能力得不到有效发展；同时，由于受以教师的教为中心的观念影响至深，教学设计思路以语文学科基本逻辑为主，课堂上以传授知识为主，较少考虑学生的学习需求、认知困境等，所以教学设计往往不能解决学生的真实问题。学生缺少对语文问题的提出、分析、思辨和探究的过程，思维能力也得不到锻炼，更难以提升审美、表现美、创造美的能力。学生之间难以产生联系，教师和学生之间也只是单向度的信息传递，这对培养和锻炼学生自主发展能力、协同解决问题的能力也是极为不利的。

实际上，高中阶段的学生无论是从生理方面、心理方面，还是学习基础和准备方面，都是比较成熟的。高中生的学习能力已经接近成人，求知欲和探索欲最为强烈，这个时期的学生有比较强的自我意识，同伴之间的关系也比较稳固，需要教师及时引导，转变学生的学习方式，即从被动、个人学习向自主、协同学习转变。教师应该给学生更多的自主阅读、思考和写作的空间，创设和谐、平等、温暖、协同的学习空间，用"挑战性学习任务"的方式来引导高中生进行相互的探讨、交流、提问、阅读和展示，从而提升学生的学习效果，使学生真正学会学习，热爱学习。

深度学习的主体是学生，但学生深度学习的实现离不开教师对学习的精心设计和组织实施。学习设计是以学生的学习为中心，为学习者设计学习的活动系统。走向深度学习的学习设计则是从学生多样化的学习需求、认知能力和经验世界出发，设计学习任务框架，并以最合理优化的方式进行组织和呈现，使学生获得更好的学习体验和学习效果。强调学习任务与学习者的经验世界相联结，注重发挥学习者的主体性并增加其归属感，将有效的学习建立在学习者知识、经验、兴趣、动机与信念之上，并且在学习中实现知识迁移。教师要从以教师的教为中心的教学设计走向以学生的学为中心的深度学习设计，就不能只考虑学科逻辑，还得考虑学生的学习需求和学习逻辑，其中既包括学生的整体学情，也包括学生的个性化、发展性需求。

走向深度学习的高中语文学习设计，要以语文学科核心素养为纲，以学生的语文实践为主线，设计高品质学习任务。不是学科知识逐"点"解析、学科技能逐项训练的简单线性排列和连接，也不是教师大量讲解分析的教学模式，而是要实现学生学习方式的根本性转变，即以自主、合作、探究性学习为主要学习方式，在安全、平等的学习氛围和温暖、平等的伙伴协同学习下完成高阶挑战的学习任务，从而真正实现语言、知识、技能和思想情感、文化修养等多方面、多层次的学生发展目标，使深度学习成为可能。

三、高中语文深度学习设计与实施策略

学习设计是一个系统工程，需要教师根据学生学习的心理、认知、情感等多方面的需要来进行整体设计。笔者以《我们是怎样过母亲节的》为例，具体阐述走向深度学习的高中语文学习设计与实施策略。

《我们是怎样过母亲节的》是高中《语文》（沪教版）第一册第二单元的一篇自读课文，所属的单元主题是"美好亲情"。这篇文章是加拿大幽默作家里柯克的代表作，作者描绘了一个幸福美满的家庭在过母亲节时有趣又耐人寻味的经历：人人都热爱自己的母亲，个个都想在母亲节表示自己最虔诚的爱心，让母亲快快乐乐、

安安静静地度过这美好的一天；无奈每人都有自己的"特殊情况"，母亲在自己的节日里反而比平日更加劳累。作家擅长从司空见惯的日常生活中提炼出不合理的东西，将幽默根植在期待生活和实际结果的反差中，使人读后在笑声中领悟亲情的分量，涵咏母爱的内涵，由此带来自己的思考。

笔者曾以"里柯克是怎样用幽默来表达文章意蕴的"来展开教学，该问题关注到了文本的核心价值，即从幽默语言形式入手，发现文章深层次的意蕴，但未关注到学生已有的认知体验和学习需求：一是学生对西方作家幽默语言运用方式的不熟悉；二是"意蕴"概念远离学生探究文本的本能经验和需要。学生按已有生活和认知经验，通过细读文本，能发现母亲在母亲节这一天更辛苦劳累的悖反现象。就本文而言，引领学生发现字面意思背后的深层意蕴，进而对母爱有深入解读；领会里柯克幽默的语言特色，能从幽默的语言特色入手去解读里柯克的其他作品，这是深度学习设计的教师所要思考的，也对教师的学习设计能力提出了高要求，即在关注学生学习需求和学习逻辑的基础上，给予学生语文学科专业的引领，让学生掌握核心学术内容、批判性思维和问题解决能力。

（一）学习目标设计

格兰特·威金斯提出最好的设计是"'以终为始'，从学习结果开始的逆向思考"[9]。逆向思维可以帮助设计者确定高阶认知能力的学习目标。从高中语文学科视角来看，如果学习目标仅限于所教文本需要学生掌握的知识、技能，那么学生获得的知识可能会枯燥、零散，难以产生迁移。如果学习目标能依据课程标准，遵循学生学习发展规律，结合单元学习目标和文本的特点，那么学生有可能在理解大概念的前提下，将已有知识迁移到新的情境中，作出决策和解决问题。《我们是怎样过母亲节的》一文对应课程标准"文学阅读与写作"学习任务群，旨在引导学生阅读外国小说，使学生在感受形象、品味语言、体验情感的过程中提升文学欣赏能力，借以提高审美鉴赏能力和表达交流能力。高一学生对母爱的内涵有一定的认识，熟悉母亲无微不至的照顾和无条件的付出，通过仔细阅读，能关注到家人的自私，感受到母爱的无私和伟大，但学生对母爱可能会存在认识不深、浅层次、概念化的倾向。甚至会有学生只关注字面的意思，为母亲打抱不平，进而产生对以父亲为代表的家庭成员的批判，造成对文本简单化、片面化的误读。为此，笔者将"发现字面意思和深层内涵之间的矛盾，领悟里柯克幽默的语言特色，深入理解母爱的内涵"作为本课的学习目标。

要实现这样的学习目标，教师就要思考哪些可以通过学生自主学习来达成，哪些需要学生之间的相互协同来达成，怎样的环境、问题和活动的设计能够让学生投入阅读、思考、讨论中。学生们不但要把自己对文本的理解表达出来，而且能够通过同伴的互动来提升对问题的思辨能力。学生通过表达观点、相互倾听、辨析观点、扩展阅读等方式，来加深对文章主旨和写作手法等的理解，从而产生属于学生自己的探究过程与学习成果，对文本的学习会更加投入和持续。

（二）学习环境设计

为使学生获得心理安全，信任关怀的学习环境的创设必不可少。学习环境中的平等、信任、温暖能够大大提升学生的自主性和自信心，也使得学生之间容易形成相互协同的关系。学生共同面对高挑战的学习任务和课题时，会减轻压力，自然投入。两两相对的四人小组是学习共同体常用的座位摆放形式，从秧田式转变成小组排列，其背后是从"灌输中心"教学向"对话中心"教学转变，从"个人学习"向"协同学习"转变。教师心怀促进每一位学生深度学习的课堂愿景，声音平和舒缓，话语简短洗练，表情舒展放松，姿态亲和自然，课堂氛围就会发生微妙变化。学生以教师为"参照镜像"，也变得更加安心、沉稳，让人感受到安静、润泽的气息。[10]

如何让学生在课堂上与他人有效沟通，并能协同解决问题？教师不仅要把课堂学习空间还给学生，还要让学生学会倾听他人的声音。

笔者设计了"母亲节故事"的两人倾听活动。公共分享环节，说的学生提到"送花""做家务""写卡片"等过母亲节的方式，倾听的学生表示感动，有学生主动反思自己的言行，有学生因对母亲的忽视而感到愧疚。人类的情感是相通的，学生的感悟很好地对应了文中"我"如何对待母亲的反思和愧疚。只是我们习惯用议论抒情的方式表达情感，而里柯克却把丰厚的情感隐藏在看似随意的叙述和描写中，这也是需要教师引导学生去探究发现的生成点。此倾听练习，不仅构建师生之间相互倾听的关系，还引发学生已有的生活经验，激发学生浓浓的亲情，创设进入本文学习的真实情境。良好的学习环境营造使得学生内心安定、充满信心、互相信任，并对学习内容产生了好奇、兴趣，为教师把学生熟知的日常社会生活体验和将要学习的专业语文知识相联结做好准备，也为深度学习的发生营造必要的环境和氛围。

（三）学习方式设计

要促进学生深度学习，就要充分信任学生的能力。教师要放下身段，改变传授式的教学方式，让学生通过自主、协同的学习去探索。真正让学生意识到学习的责任落在自己的肩上，学习的奥秘需要自己和同伴努力去发现。如何在人际领域构建自我接纳、协同学习的深度学习状态？如何让学生达到个人独自学习、同步学习所不能达到的高度？笔者设计了合作共享的学习方式，具体表现为个人自主探究、小组协同探究、全班公共分享等，更多地关注学生个性化、多样化的学习和发展需求。

从学生的视角来看，学生能在小组协同探究中坦然地说"不知道"或者"我需要帮助"，能在全班公共分享中积极参与，主动表达。从教师的视角来看，教师能还给学生个人自主探究、同伴协同学习的时间和空间，能减少对每位学生学习历程的中断，能善于倾听，识别出学生独特的观点和潜在的学习问题，并能在合适的时机给予帮助。合作共享的学习方式，让课堂中的每一位学生长期、全身心地投入学习

中，促使深度学习的发生。学习规则的制定是让合作共享的学习方式得以实施，让同伴协同探究、全班公共分享效果最大化的保障。比如重点问题四人轻声细语地讨论，轮流发表意见，互相尊重，以形成组内的共识性观点或提出组内疑问；四人共同公共发表，其他人认真倾听、记录、整理，不打断他人；其他人陈述完整后，可以补充、提出质疑或回答其他组的问题等。学生从被动听讲的学习方式转向自主、协同探究的学习方式，既能充分地对文本进行阅读、理解，也能充分倾听他人的观点，并进行辨析、优化。学生之间的相互促进提升了学生对文本的理解、表达和再创造，深度学习所需的基于学习者自发、自主的内在学习动机也能被尽可能地激发。

（四）学习任务设计

良好的语文学习任务能够促进学生的语言建构、思维提升、审美意识的提升，使得学生在探索的过程中实现多种能力和素养的发展。设计学习任务，需要教师解读学科知识背景、逻辑关联、思维方法、价值意义，还要从学生的学习起点与实际需求出发，厘清学生已有的认知水平、学习困难和学习策略。其中，冲刺挑战性问题是学习任务的聚焦点，需要设计者基于学习者的"最近发展区"，激发已学知识、生活体验与当前学习内容之间的意义关联，引发学生对核心内容的探究，使学生持续探究并产生深入的理解，为知识能力的迁移和创造提供可能。

笔者在《我们是怎样过母亲节的》一文中设计了两个学习任务：一是细读文本，填写情节，梳理表格内容并充分交流；二是探讨学生生成的认知冲突问题。第一个是基础性学习任务，独立完成表格，小组交流完善，全班充分分享交流。教师以倾听学生为主，学生不断地交流文本细节，不断地发现字面上和潜在含义之间的矛盾。第二个是挑战性学习任务，以课堂生成的认知冲突问题为切入口，深入探究母爱的内涵，了解幽默的深邃、意味深长之处。家人所做的一切看似

都是为了母亲，实际上都是为了自己；母亲为了家人开心，习惯于放弃自己的乐趣。有学生对母亲说的"这是她有生以来过得最最快活的一天"表示不能理解，甚至为母亲的遭遇愤愤不平！也有学生认为母亲是幸福的，因为母亲的爱是建立在家人快乐的基础上的。学生聚焦"我觉得她眼里含着泪水"一句，当场生成探讨的冲刺挑战性问题：

"有人认为我们为母亲做这些事，母亲很开心，流下了激动的泪水；有人认为母亲很无奈，母亲节这一天忙忙碌碌、辛苦操劳。对此，你怎么看？请找到文中的依据，说说你的观点。"

现场探讨气氛热烈又安静，学生在相互倾听中不断修正、完善甚至改变自己的立场。有学生认为母亲无奈，在自己的节日里却过得比平日还要操劳辛苦。有学生提出疑问，即使家庭成员都在为自己考虑，但母亲却欣然接受，对家庭成员表现出极大的包容，还说"这是她有生以来过得最最快活的一天"，母亲活得是否太"憋屈"？在激烈的探讨中，学生发现，母亲不仅不"憋屈"，反而觉得"幸福"。理由是我们的快乐是建立在自己快乐的基础上，而母亲的快乐是建立在家人快乐的基础上。学生纷纷表示赞同，他们对母爱的内涵有了解读：一种无条件的、无私奉献的、不要求回报的、无怨无悔的爱。又有学生关注到本文的标题，进而提出发人深省的问题：难道我们就这样心安理得地享受母亲的牺牲吗？由此，学生从母亲到家人，进而探讨整个家庭、整个西方社会。学生发现，本文的主旨并不停留在对母爱伟大的歌颂以及家人的愧疚，更有着对特定文化内涵中人性内核、人性真实的剥露。学生对母爱的理解已经不是课前概念化、浅表化的认知，而是建立在阅读和表达中探析语言规律和文化现象基础上的深度发现。

学习任务的设计可以通过学习单去落实。学习单是深度学习设计外在具象化的重要载体，是为了让每一位学生都清晰无误地了解学习任务，并能把对学习任务的思考、理解、完善、修正过程一一呈现出来。学习单可以由四部分组成：学习目标、学习规则、学习内容、学习要求。学习目标要用学生可理解的语言来阐述；学习规则可以师生共同讨论，并随着学生深度学习的不同阶段而不断调整变化；学习内容要秉承"少即是多"的原则，让学生聚焦核心任务，经历完整的思维过程；学习要求是为了给学生更多自主思考的时间，不会因为教师细碎重复的话语而切断学生的思路。教师以怎样的方式将学习单印发到学生手中，要根据课堂学习内容的需要。(见图2)

四、高中语文深度学习成效

深度学习产生复杂的思维过程、丰富的学

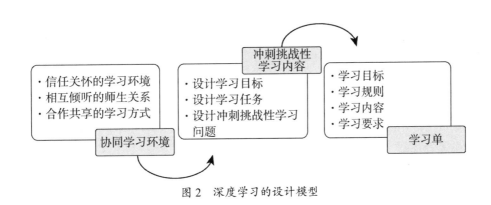

图2 深度学习的设计模型

习成果和持续深化学习的状态，常规考核分数不能完全反馈深度学习学生实际取得的成果。因此，评估深度学习设计的成效，需要开发更有用的、信息量丰富的评估体系，努力扩大表现性评价，并将它们整合到教学和学习中。如通过学生完成课后挑战性任务，评估学生是否将所学知识和能力迁移，在学习过程中遇到困难时是否能与他人开展有效的协同学习，是否为解决问题作出持续性努力，是否产生创造性学习成果等。

学生对里柯克的作品产生了浓厚的兴趣，对作者善于从司空见惯的日常生活中提炼出不合理的东西，在笑与泪的交融中领悟亲情力量的表达方式产生了好奇，引发学生完成课后挑战性任务的兴趣："马克·吐温和里柯克是两位伟大的幽默作家，阅读马克·吐温的代表作《百万英镑》《腐蚀了哈德利堡镇居民的人》，尝试比较两位作家幽默风格的不同。"这个任务为期一个月，学生以小组为单位在全班进行交流汇报。学生的作业汇报精彩纷呈，有小组从两位作者的生平、经历角度切入；有小组从对幽默的看法角度切入；有小组通过代表作品的分析来阐释幽默的本质；有小组分析幽默的手段和表达效果……学生在分析比较中，很自然地用到了历史、地理等跨学科知识，在查找资料、共同探讨、持续研发等过程中，很好地完成了知识的迁移，形成了创造性成果。

2019 届高三学生从高一开始就实践以学生自主、协同学习方式为主的语文课堂，教师不再是现成知识的讲授者，而是倾听者和深度学习的设计者。通过系统化的深度学习设计，学生们有了更好的学习体验和学习效果，体会到真实而深度学习发生的乐趣。三年的学习共同体课堂实践，长时间的浸润，学生的自主学习能力、批判思考能力以及沟通合作能力得到了长足的发展，并取得了喜人的学业成就。

深度学习是人成长和发展的动力系统，走向深度学习的学习设计实施是一个持久的过程，需要师生在共同构建的学习共同体中，不断反思、改进和完善，以使每一位学生借助同伴协同学习和教师促进学习的力量，以自己的节奏不断追求深度学习的状态。当学生的学习未进入深度学习的状态时，教师要以精心设计的、有意义的方式来进行干预；当学生的学习朝向深度学习的方向进展时，教师能够巧妙地放手，还给学生完整的学习体验。学生在学习过程中体会到探索的乐趣，形成高质量的学习成果。学生充分地阅读、思考、辨析、讨论，从中体会语言的美妙与精彩、思维的深刻与缜密以及文化的独特与魅力，会自觉地进行学习，并不断走向深入，真正成为一个自主、自发的学习者和创造者。

参考文献：

[1][7][8] 中华人民共和国教育部 . 普通高中语文课程标准（2017 年版）[M]. 北京：人民教育出版社，2018：42，3，4.

[2] Marton F, Saljo R. On qualitative differences in learning：I-outcome and process [J].British Journal of Educational Psychology, 1976（1）：4–11.

[3] Bloom B S, Engelhart M D, Furst E J, Hill W H, Krathwohl D R. Taxonomy of educational objectives：The classification of educational goals, Handbook I: Cognitive domain[M]. New York：David McKay, 1956：13, 51.

[4] 陈静静，谈杨 . 课堂的困境与变革：从浅表学习到深度学习——基于对中小学生真实学习历程的长期考察 [J]. 教育发展研究，2018（Z2）：90–96.

[5][6] 詹姆斯·A·贝兰卡 . 深度学习：超越 21 世纪技能 [M]. 赵健，译 . 上海：华东师范大学出版社，2020：5，2.

[9] 格兰特·威金斯，杰伊·麦克泰格 . 追求理解的教学设计 [M]. 闫寒冰，宋雪莲，赖平，译 . 上海：华东师范大学出版社，2017：15.

[10] 陈静静 . 学习共同体：走向深度学习 [M]. 上海：华东师范大学出版社，2020：23.

The Design of Chinese Learning in Senior High School Towards Deep Learning
——Take "How We Celebrate Mother's Day" as an Example

ZHENG Yanhong

（ The Second Foreign Language School Affiliated to Shanghai Normal University, Shanghai 201339, China ）

Abstract: Deep learning is the knowledge and skills that students need to have to acquire results in a rapidly changing world. Dedication, complex thinking process, rich learning results and continuous of deepening learning are the main characteristics of deep learning. In order to enable students to enter the state of deep learning, teachers must improve their own learning design ability, that is, starting from the students' diverse learning needs, cognitive abilities and experience world, designing a learning task framework, organizing and presenting in the most reasonable and optimized way, so that students can get better learning experience and learning effect. Based on the orientation of Chinese curriculum in senior high school and the physical and mental characteristics of senior high school students, this paper puts forward the basic framework of systematic deep learning design, combined with the lesson example "How we celebrate Mother's Day" , explaining the implementation strategy of deep learning design, and judging the effectiveness of deep learning from performance evaluation from such aspects as learning goal, learning environment, learning method and learning task design.

Key words: Deep Learning, Chinese Class in Senior High School, Learning Design, School as Learning Community

（ 责任编辑：袁玲 苏娇 ）

（上接 108 页）

Promoting Virtue and Respected Knowledge: On the Power of Wen Xue in Classroom and Its Transformation in Teaching

LI Kai

（ The Institute of Curriculum and Instruction, East China Normal University, Shanghai 200062, China ）

Abstract: In our educational tradition, asking and learning which complement and promote each other have always been emphasized. They can help the learners to form a comprehensive ability called "The Power of Wen Xue" . However, the current classrooms are short of the power. In order to solve the dilemma and help teachers to effectively cultivate students' strong "asking and learning ability" in the classroom, it is necessary to explore the mechanism of the emergence, development and function of the ability, especially the path of teaching transformation of the power of Wen Xue in the classroom, which turns facts into doubts, develops doubts into questions, applys questions to inquiry, and turn inquiry into sharing.

Key words: Key Competencies, Ask and Learn, Dilemma, Transformation

（ 责任编辑：袁玲 周如玥 ）

中小学教师的效能感结构及其与心理健康的关系

孟卫青

（广州大学教育学院 广东广州 510006）

[摘 要] 教师效能代表了教师的能力信念，影响着教师的心理和行为。本研究随机选取 1086 名中小学教师作为被试，探讨了中小学教师效能感的结构维度。结果显示：中小学教师的效能感可以从自我效能感、集体效能感、学校因素、学生和家长、工作满意度五个维度去测量；这五个维度都随着教师从业年限的增加呈现出上升的趋势；中小学教师的心理健康水平、自我效能感、集体效能感、工作满意度各自间均存在显著相关；集体效能感能够预测教师心理健康状况 7.7% 的变异量。

[关键词] 中小学教师 自我效能感 集体效能感 工作满意度 心理健康

一、引言

近年来，中小学教师队伍建设问题引发了人们的广泛关注。2018 年 1 月，中共中央、国务院印发《关于全面深化新时代教师队伍建设改革的意见》，这是中华人民共和国成立以来党中央出台的第一个专门面向教师队伍建设的里程碑式的政策文件，将教育和教师工作提到了前所未有的政治高度，对于建设教育强国、决胜全面建成小康社会、夺取中国特色社会主义伟大胜利、实现中华民族伟大复兴的中国梦，具有十分重要的意义。2018 年 2 月，教育部等五部门关于印发《教师教育振兴行动计划（2018—2022 年）》的通知，让教师队伍建设迎来了新的历史机遇和发展契机。一批优质、稳定的教师队伍一定是能感受到教育带来的工作幸福的队伍。已有研究发现，教师对工作需求满足程度的自我感知水平是影响其工作满意度的重要指标。[1] 教师的工作满意度越高，职业倦怠的水平就越低。在影响教师工作满意度的因素中，教师效能是一个非常重要的因素，它是教师增进职业本领和提升教育效果的关键。效能感是指个体对自我能否成功完成某一特定行为的主观判断，包括能力期待和结果期待两个方面。教师的效能感指的是教师对自己将开展的教学科研工作活动能否完美完成的判断和预期，是对自我工作能力以及能否达到某个工作标准的主观判断。

基金项目：本文是 2018 年教育部人文社科一般项目"一流大学青年教师聘任与考核制度国际比较研究"（项目编号：18YJA880063）的成果之一。

作者简介：孟卫青，广州大学教育学院教授，管理学博士，主要从事教师评估与专业发展、教育政策分析研究。

教师效能感的概念源于罗特的控制点理论和班杜拉的社会认知理论。[2]罗特的控制点理论认为,控制点是指人们对影响自己生活与命运的力量的看法。它可以分为内控型和外控型。如果学生的学习动机和行为是教师教学行为的显著强化物,那么可以说教师对学生的影响力超过环境对学生的影响力的教师具有这样一种信念:教师努力的强化物在其控制之中,他们能够控制或者至少能够强烈影响学生的成就和动机(内控型);反之,则认为教师努力的强化物在其控制之外,环境对学生的影响力大于教师对学生的影响力(外控型)。根据班杜拉的社会认知理论,教师效能感是教师对自己影响学生学习行为和学习成绩的能力的主观判断,它是解释教师动机的关键因素,会影响教师对教育工作的积极性,影响教师对教学工作的努力程度以及在遇到困难时的坚持态度。班杜拉在个人自我效能研究的基础上提出了集体效能的概念。集体效能感是指一个群体对于他们能否完成某一任务、达到预期目标的共同信念和联合能力的判断。

也有学者认为教师效能感其实就是教师自我效能感,它是指一位教师在所从事的教学活动中对自己能否有效地完成教学工作、实现教学目标的能力的判断。教师集体效能感则是教师自我效能感在集体水平上的扩展,是教师对其作为一个整体,能够组织和实施影响学生行为过程的能力的知觉和信念。由此可见,教师集体效能感不是简单的教师自我效能感的机械总和,而是整体大于部分之和的总体效能,是教师对所在学校全体教职员工组织和执行对学生产生积极影响的行动的能力的信念。[3]随着社会认知理论的完善,集体效能的知觉已经扩展到家庭、工作团队、组织或者社区等范围更广的社会系统。学者Goddard从测量的角度建构了教师集体效能量表,具体包含两个方面的信念:一是团体教学胜任性,指的是对全体教师的专业知识、教学方法等能力的判断;二是任务分析,指的是对学校的内在限制和外在机遇的知觉。[4]

作为教师的团体心理变量,集体效能感的研究有着重要现实意义。集体效能感能反映不同学校教师效能感的差异,可以说教师对工作关系、工作因素知觉的不同,导致了教师集体效能感的变化。集体效能的研究有助于扩展对学生所处的学习系统的认识,从传统的学校过渡到一个相对开阔的系统,对构筑学生的新型学习网络以及促进教师对资源的有效利用大有裨益。艾娟等人的研究指出,教师集体效能感能有效预测教师的工作压力($\beta = -0.241$)。[5]教师效能感是教师职业发展的最好预言者,也是教师工作动力的基本源泉,是教师心理健康的一个重要衡量因素。正是基于这些考虑,本研究重新构建教师效能感的结构,并探讨教师效能感和心理健康之间的关系,以期为优化教师教育提供实质性的建议。

二、对象和方法

(一)研究对象

随机抽取广州市中小学在职教师 1086 名,利用课余时间发放问卷,被试均被当面告知指导语,即时回收。最后筛选出有效问卷 996 份,有效率达 91.7%。其中,女教师占 72.4%;教龄 0~5 年的教师占 28.3%,6~10 年的占 26.9%,11~15 年的占 20.4%,16~20 年的占 14.1%,20 年以上的占 10.3%。

(二)研究工具

1. 教师效能感问卷

此部分问卷源于 Gian 等人开展教师效能感研究时所选用的问卷,包括自我效能感(Perceive self-efficacy)、集体效能感(Perceive collective efficacy)、校长(Principal)、同事(Colleagues)、人事管理(Staff)、家长(Parents)、学生(Students)、工作满意度(Job satisfaction),共 8 个维度 52 道题目。[6]题目由笔者翻译,再请外语系的两名研究生进行修改,主要看翻译是否有误、是否易于理解,然后让心理系一名教授就一些专业术语、本土习惯表述进行斟酌,提出修改意见,最后找 40 多名中小学在职教师阅读题目,指出与其工作实际不相符的内容或理解含糊的内容,删改后形成初始问卷。施测时问卷题目按随机顺序排列。

自我效能感测的是教师在不同的工作背景中突显自身的专业角色、有效应对各种困难和挑战的能力的信念；集体效能感测的是教师把所在的学校知觉成整体，以成功应对困难的信念；工作满意度测的是教师对自身工作的看法。校长、同事、人事管理、家长、学生是教师工作所涉及的主要因素，教师意识到来自工作环境的有利因素越多，其工作投入程度越高，获得的支持感越强，集体效能感和工作绩效也越好。采用李克特五点式自评，打分从"1"非常不符合到"5"非常符合，得分越高说明该维度所代表的特质对应的程度越高。

2. 教师职业倦怠问卷

教师职业倦怠问卷由北京师范大学伍新春等人修订，共 22 道题，分情绪衰竭、去个性化、个人成就感三个维度，得分越高说明倦怠程度越高，量表的 α 系数为 0.80。[7]

3. 心理健康水平问卷

采用"症状自评量表 SCL-90"评估教师的心理健康水平。SCL-90 自评量表是当前使用最为广泛的精神障碍和心理疾病门诊检查量表，该测验具有较高的信度、效度，各因子之间的内部一致性较好，对有心理症状（即有可能处于心理障碍或心理障碍边缘）的人有良好的区分能力。[8]本测验内含 9 个因子共 90 个自我评定项目，采用的是"没有""很轻""中等""偏重""严重"的五级自评量表，以 1、2、3、4、5 记分，得分越低心理健康水平越高。

（三）数据处理

使用 SPSS 22.0 统计软件包以及 Amos 4.01 结构建模软件进行数据处理。

三、数据结果和分析

（一）探索性因素分析

使用随机抽取的方法把有效被试等量分成两部分（每部分 498 人）。一部分用于探索性因素分析，题目数与被试数的比例为 52∶498，符合题目数与被试数 1∶5 的要求；另一部分用于验证性因素分析。考虑到教师效能感和工作满意度问卷的特殊性，各个维度不是简单隶属某一心理特质，如工作满意度不能归到效能感之中，而且原问卷的初衷是验证效能感的作用机制模型，也就是各维度之间并不是简单的两两相关，因此我们没有对 52 道题目全部进行探索性因素分析，而是根据原来的维度逐个层面进行统计分析[9]，即每个维度下属的题目独立进行因素分析，每次所得的结果应该是单维的。

对于每个维度下属题目的删减，同时考虑共同度和负荷值两个指标。李茜茜等人修订焦虑敏感问卷时采用 Kavsek & Seiffge - Krenke1996 年提出的共同度标准应该大于 0.16[10]，宋广文等人编制青少年亲子冲突处理策略问卷时采用的共同度标准大于 0.3[11]。不同研究采用的标准各异，本研究以 0.4 为标准，删除每个维度共同度小于 0.4、负荷值小于 0.5 的题目，以提高所得问

表1　分层面探索性因素分析结果

原有维度	新的维度	初始解释变异的（%）	删减的题目	删减题目后解释变异的（%）
自我效能感	自我效能感	45.578	8、27、35、50	55.183
集体效能感	集体效能感	51.931	1、19	57.137
校长、同事、人事管理	学校因素	47.154	3、11、25、26、33	52.880
家长、学生	家长和学生	44.567	2、30	50.735
工作满意度	工作满意度	56.595	—	—

注："删减的题目"一列中的数字代表题目序号。

卷的效度，最终剩余 39 道题目，具体见表 1。

结合预试教师阅读题目时提出的意见，把原有的校长、同事、人事管理三个维度合并成一个维度，命名为"学校因素"，对原来三个维度下属的题目因素进行分析，起初得出特征根大于 1 有两个因素，两个因素特征根大小的比例 8.959 : 1.325 > 5 : 1[12]，加上题目出现双重负荷的情况居多，因此推断此部分题目应该是单维的。然后改用限定因素抽取法（因子数量定义为 1），结果显示：各题目符合值均大于 0.5，达到理想状态；同时把"家长""学生"两个维度合并为"家长和学生"，因素分析的结果很好地证明了单维性的假设。

（二）验证性因素分析

为了验证因素结构的跨样本稳定性，我们分别对问卷各维度进行验证性因素分析。

x^2/df 是检验样本的协方差矩阵与已知模型的差距，其值越小说明样本数据越支持已知模型，该值在 2～5 之间则认为模型可以接受；

RMSEA 是近似误差指数，按照统计学者 Steiger 的标准，该值低于 0.1 说明达到好的拟合，低于 0.05 说明达到非常好的拟合。这两个值都是越小越好。CFI、TLI（塔克刘易斯指数，也称 NNFI）属于相对拟合指数，而 GFI 是绝对拟合指数，三者都要求大于 0.9。[13] 表 2 结果显示，问卷各维度达到了较好的拟合。

（三）信度、效度和区分度

信度指标采用同质性信度和分半信度指标衡量。对于效度，根据 Brotheridge 资源保存理论，效能感可以视为个体内部的资源。[14] 当面临工作压力、耗费大量资源时，效能感能一定程度上弥补资源的不足，从而减少倦怠的程度。具体到 Maslach 提出的三个过程，效能感越高，情绪衰竭和去个性化程度将会得到缓解，而个人成就感将随之提高。[15] 因此，选择职业倦怠三个分量表得分作为效标。

表 3 结果显示，情绪衰竭、去个性化两项指标均与修订问卷各维度呈显著的负相关。也就

表 2 问卷各维度的拟合指标

指标 / 维度	x^2/df	GFI	CFI	TLI	RMSEA
自我效能感	4.852	0.953	0.953	0.935	0.088
集体效能感	2.125	0.984	0.987	0.980	0.048
学校因素	4.013	0.912	0.925	0.911	0.078
家长和学生	3.617	0.982	0.973	0.949	0.073
工作满意度	3.200	0.997	0.995	0.970	0.067

表 3 效标效度和信度指标

	自我效能感	集体效能感	学校因素	家长和学生	工作满意度
情绪衰竭	−0.156	−0.153	−0.199	−0.200	−0.262
去个性化	−0.346	−0.258	−0.259	−0.253	−0.309
个人成就感	0.537	0.351	0.284	0.319	0.452
Cronbach Alpha	0.860	0.844	0.921	0.778	0.773
Guttman Split−half	0.813	0.794	0.904	0.733	0.665

注：表格上半部分相关矩阵中，所有的相关系数均达到 p<0.001 的显著水平。

是说，自我效能感和集体效能感高、知觉到校内外积极因素越多、工作满意度越高的教师，越少出现情绪衰竭和去个性化的状况。

国外学者 Sadric（1993）、Stajkovic（1998）等人使用元分析的方法得出综合性的结论：职业自我效能感与实际工作绩效存在一定的相关，在他们的模拟实验研究中，两者的最高相关系数竟高达 0.85。[16] 如果把个人成就感看作教师工作绩效的反映，那么高绩效的教师对应的效能感也应该较高，表3显示自我效能感和个人成就感间属于强相关（r = 0.537），从另一个角度也可以说明本问卷的区分度较好。

（四）不同性别、教龄的教师的自我效能感和工作满意度分析

以性别、教龄分段为自变量，教师效能问卷的各维度均分为因变量进行方差分析（MANOVA）。

表4结果显示，教龄的主效应极其显著，性别与教龄的交互作用仅仅在自我效能感和工作满意度两项上体现出来。对不同教龄的教师对应各维度的得分进行事后比较（LSD法），总的来说，各维度得分随着教龄的递增而升高，具体可参阅表4最后一列。对性别与教龄的交互作用进行简单效应检验，结果显示：教龄处于16～20年的教师在自我效能感和工作满意度上的得分都呈现男性显著低于女性的趋势；对于女性教师，自我效能感和工作满意度随着教龄的增加而升高；对于男性教师，情况基本一致，唯独从业11～15年的教师在自我效能感和工作满意度的得分反而显著高于从业16～20年的教师。

（五）教师效能感结构模型

根据 Gian 等人提出的教师效能感结构模型

表4　方差分析结果

自变量	因变量	F 值	事后比较（仅列出差异显著的组）
教龄分段	自我效能感	8.015***	一＜二、三、四、五；二＜三；二＜五；四＜五
	集体效能感	6.083***	一＜三、四、五；二＜三、四、五
	学校因素	8.034***	一＜三、四、五；二＜三、四、五；三＜五
	家长和学生	5.401***	一＜三、四、五；二＜三、四、五；三＜五
	工作满意度	7.513***	一＜二、三、四、五；二＜五；三＜五；四＜五
性别 × 教龄分段	自我效能感	2.487**	—
	工作满意度	3.301***	—

注：①事后比较所列出的组，差异均达到 p<0.01 或 p<0.001 的显著水平，一、二、三、四、五组分别代表教龄分段处于 0～5 年、6～10 年、11～15 年、16～20 年、20 年以上的教师对应的问卷各维度得分均分；② *** 表示 p<0.001。

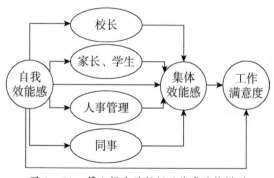

图1　Gian 等人提出的教师效能感结构模型

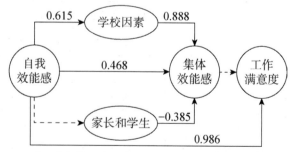

注：图中所示路径系数均达到 p = 0.000 的显著水平。

图2　中小学教师效能感结构模型

表5　中小学教师效能感结构模型的拟合指标（N = 498人）

x^2/df	AGFI	GFI	CFI	TLI	RMSEA
2.284	0.840	0.864	0.915	0.905	0.051

表6　中小学教师心理健康水平、自我效能感、集体效能感、工作满意度之间的相关分析

	心理健康水平	自我效能感	集体效能感	工作满意度
心理健康水平	1	−0.182**	−0.281**	−0.234**
自我效能感	−0.182**	1	0.571**	0.759**
集体效能感	−0.281**	0.571**	1	0.664**
工作满意度	−0.234**	0.759**	0.664**	1

注：*p < 0.05，** p < 0.01。

（见图1），结合我们新修订的结构维度，建构了我国中小学教师效能感结构模型（见图2），对应的拟合指标见表5。

从拟合指标的大小看模型的优劣，根据前述标准，模型基本达到较好的拟合。虽然AGFI、GFI没有达到0.9，但是两者受样本容量影响较大，通过增大验证样本的容量，可以提高这两个指标的数值[17]。

比较图1和图2，不难发现两个模型间的差异，基于国内中小学教师样本的模型中，"自我效能感"指向"家长和学生"的路径、"集体效能感"指向"工作满意度"的路径并没有达到显著。"家长和学生"与"集体效能感"呈显著的负相关，也就是说来自学生和家长的积极信息无助于集体效能的提高。其余路径系数都呈显著的正相关。

（六）中小学教师心理健康水平与自我效能感、集体效能感、工作满意度之间的相关分析

表6结果显示，中小学教师的心理健康水平和自我效能感、集体效能感、工作满意度之间存在显著的负相关；教师的自我效能感、集体效能感、工作满意度各自间存在显著的正相关。

（七）中小学教师自我效能感、集体效能感、工作满意度预测教师心理健康水平的多元回归分析

由表7可以知道，自我效能感、集体效能感和工作满意度三个预测变量预测效标变量（心理健康水平）时，进入回归方程的显著变量只有一个，即集体效能感，多元相关系数为0.278，其解释变异量为0.077，说明集体效能感能预测教师心理健康状况7.7%的变异量，标准化回归方程为Y（SCL总分）= −0.278×（集体效能感）+3.006。在此基础上，又把自我效能感、集体效能感、工作满意度作为自变量，分别对教师心理健康的九个维度进行预测。结果发现，基本上都是由集体效能感来预测心理健康值，但在抑郁这个因子上，集体效能感和工作满意度都进入到回归方程中，其中多元相关系数为0.295，其联合解释变异量为0.087，也就是说，集体效能感和工作满意度能联合预测抑郁这个因子8.7%的变异量。

四、讨论

（一）教师效能感测验工具的有效性分析

修订后的教师效能感问卷包含39道题目、五个维度。五个维度分别包括自我效能感、集体效能感、学校因素、家长和学生、工作满意度，每个维度对应的题目能解释该维度50%以上的变异，同时验证性因素分析的结果显示各项拟合指标均达到了既定的标准，说明问卷结构的跨样本稳定性较高。信度指标显示问卷各维度总

表7　多元回归分析摘要表

因变量	自变量	B	SE.	BETA	R	R²	F	Sig.
SCL 总分	集体效能感	−0.296	0.057	−0.278	0.278	0.077	27.316	0.000
	（常数项）	3.006	0.193	—	—	—	—	—
抑郁	集体效能感	−0.327	0.063	−0.272	0.272	0.074	26.626	0.000
	（常数项）	3.175	0.216	—	—	—	—	—
抑郁	集体效能感和工作满意度	−0.201	0.092	−0.153	0.295	0.087	4.729	0.030
	（常数项）	3.460	0.252	—	—	—	—	—

体来说具有较好的同质性信度和分半信度，特别要说明的是"家长和学生""工作满意度"两个维度所对应的各项信度指标数值均低于 0.8，尤其是"工作满意度"的分半信度还不足 0.7，究其原因，可能是这两个维度包含的题目数太少（分别是 6 题和 4 题）。后续的研究可以考虑适当增加题目。使用教师职业倦怠作为效度和区分度指标，相关结果均达到显著水平，证明问卷具有较好的效度和区分度。

方差分析结果显示，教龄的主效应极其显著，性别与教龄的交互作用仅仅在自我效能感和工作满意度两项上体现出来。总的来说，各维度得分随着教龄的递增而升高，这种趋势在不同性别教师身上也体现出来。这与 Tschannen 等人提出的集体效能感在新手教师越发专业化发展的过程中突显的结论不谋而合。[18] 值得一提的是，男性从业 11 ~ 15 年的教师比从业 16 ~ 20 年的教师在自我效能感和工作满意度的得分更高，而这种结果的产生是受抽样影响还是从业十五六年真的成为男性教师自我效能感和工作满意度的转折点，则有待后续研究进一步验证。

对于教师效能感的作用机制模型，基于国内中小学教师样本的分析结果与国外有着明显的差别。集体效能感没有显示出对工作满意度的显著影响，这与传统意义上对东方文化背景的理解一定程度上不符。中国香港一项关于效能感、工作控制影响职业压力的跨文化研究指出，对于美国员工，自我效能感对缓解工作压力起着决定性的作用，但是对于中国香港员工，情况恰恰相反，集体效能感进入了工作压力的回归方程，因此得出结论，在中国香港这类东方文化背景中，对集体力量的知觉、信念在面对环境压力的时候表现出更积极的意义，自我效能感的作用在东方文化背景下相对弱化。[19] 回到本研究的结果，国内教师自我效能感很大程度上影响了工作满意度（$\beta = 0.986$），而集体效能感的作用却显得微乎其微。结合对部分教师的访谈结果，主要原因在于教师所处的实际工作环境。当前教改尽管轰轰烈烈，但学生成绩、升学率仍然是压在教师绩效上的头等大事，竞争激烈。教师面对着复杂的社会环境和水平参差不齐的学生，要妥善处理好自身的教学任务，参加数不胜数的评优活动、学校会议等，又要参加在职培训学习，同时家庭压力也是不可避免的，很难多方面兼顾。而这些问题很大一部分只有靠教师自己去解决，同事、学校、家长等虽然能提供一定程度的支持，但毕竟不能发挥主导作用。自我效能感越高，意味着教师能很好地解决工作、生活中遇到的困难，继而累积起一种积极的自我信念，而这种信念又强化了教师的自我能量系统，帮助教师应对新的困难，因此自我效能感与工作满意度密切相关。集体效能感有时不仅无助于工作满意度的提升，而且还弱化了工作满意度。据某些教师反映，当周边的同事、整个学校都处于高效运作状态时，将很快面临严峻的压力，觉得自己再怎么勤奋，也难以弥补工作上的差距，不要说工作满意度，就连自身健康状况也会恶化。需要指出的是，回顾前述职业倦怠与各维度的相关分析，不难发现，集体效能感与个人成就呈显著的正相关，而工作满意度是建立在个人成就感基础上的变量，从逻辑上推断这种相关应该可以延续，因此，另一个可能的原因就是"工作满意度"所含题目较少，表面效度较高，影响了研究的效度。自我效能感通过家长和学生继而影响集体效能感的路径不复存在，也就是说，来自家长和学生的影响并没有强化自我效能感的力量进而转化成集体效能感。究其原因，可能是教师并不把家长和学生看成"集体"，他们所认定的集体仅仅是工作关系构成的集体，如校长、同事、人事管理，学生仅仅是服务的对象。因此"家长和学生"对自我效能感没有显著的影响，而且弱化了集体效能感。后续的研究可以在此维度增加适当的题目，家长和学生的活动要尽可能地与教师的教学任务相联系，提高研究的效度。

（二）教师效能感是影响教育行为和教育有效性的重要中介

教师自我效能感不同，会大大影响他们的具体行为系统，影响教师对他人及情境的思考与情绪的反应。后续访谈中我们发现，自我效能感较高的教师，对自身的教育能力与学生影响力具有积极的自我信念，对设定的行为目标与要求也较高，会产生较强的工作动机，投入较多精力努力做好工作，在工作中信心十足，对教育工作和学生都表现出极大的热情和兴趣，即使遇到困难也能坚持不懈地积极寻找克服困难的方法以实现目标。而且，在教育过程中，自我效能感较高的教师会自觉地调控自身的教育行为，不断地根据学生的反馈和对行为与目标之间的比较等信息进行适当的控制、调节或矫正，选择适宜的教育方法与策略，强化自己做出更多的积极行为，避免消极行为，从而使教育活动和行为适合学生的发展水平与需要，有效地激发学生的兴趣和积极性，取得满意的教育效果。

自我效能感较低的教师则往往由于对自身教育能力与影响力信心不足，倾向选择简单容易的任务，对自己提出的目标和要求也较低，在工作中遇到困难和问题容易焦虑和烦恼，对学生的期望、反馈与评价更多表现出消极的态度与行为，也不利于提高教育的有效性。

由此可见，教师自我效能感不仅是教师教育行为产生的基础和影响的关键因素之一，也是引导教师知觉与理解其自身外在行为的重要中介变量，并因此直接影响学生的发展和教育的有效性。教师自我效能感不仅直接影响着教师的教育行为，而且导引着教师感知到自身的教育行为与结果，这种导引主要通过影响其目标设定、工作动机、努力程度、工作情绪等中介因素来实现。

（三）教师效能感与教师心理健康

教师行业所承担的压力比较大，而在面对教育过程中可能出现的压力、困境等情境条件时，自我效能感的强弱会直接影响教师的工作满意度，进而影响教师身心健康。本研究发现，集体效能感对教师心理健康的九个因子都具有一定的预测作用，说明集体效能感能预测教师心理健康状况。集体效能感越高的教师，其心理健康水平越高。一方面，教师的集体效能感形成了学校的规范化环境，它对教师的行为有极大的影响。当集体效能感高时，教师相信他们能教育好学生，取得满意的教学效果，并能克服环境上的不利因素。有了这些信念，教师在日常工作中会投入更多的努力，在困境中会更加坚持，暂时的挫折或失败不会使他们泄气，对学生的成就有高度的责任感。因此，高的集体效能感不仅提高了个体教师的成绩，而且影响了教师群体所持的分享信念的模式，影响了教师的自我效能感和工作满意度，从而调节了教师的心理健康状况。另一方面，教师的自我效能感能促使教师进行自我学习和提高，让教师以更友善的方式处理课堂问题行为，恰当地处理好和其他同事、学生家长的关系，并从他人的认可和自身的奖励上获得创造的动力和成就感。高的自我效能感通过影响教师对校长、同事、人事管理、学生、家长等的知觉来影响教师的集体效能感,使教师对集体产生较强的归属感和认同感;同时,集体效能感也影响着个体的工作满意度,在组织里面,集体效能感使得团体的成员通过合作分配不同的角色而达到目的并产生一种任务的目的和意识,而完成同一行为的力量,能使成员更好地合作并产生绩效,也使组织能更好地面对困难。这样的一种调节和相互促进作用使得教师的自我效能感、集体效能感和工作满意度较高,从而使教师的心理健康水平不断提高。班杜拉认为,自我效能感具有重要的健康功能,尤其是对人应付压力具有重要的影响。[20] 如果个体不能控制面临的压力、自我效能感低,那么就会影响个体神经生理系统的功能,如内分泌系统的功能失调、儿茶酚胺分泌增多、免疫功能降低。班杜拉进行了广泛的生化实验,发现自我效能感不仅影响自主神经系统的唤醒水平,而且还影响儿茶酚胺的分泌水平和内源性阿片肽的释放水平。这些生化物质作为神经递质,均参与免疫系统的功能调节过程。当面对同样的应激源时,自我效能感不足,会引起这些物质生化水平的明显提高而打破免疫系统的正常平衡,降低其免疫功能。而自我效能感较高的人则不会表现出这些物质分泌水平的提高,因而保证了免疫系统的正常平衡。与此同时,效能感直接影响教师的心理健康。自我效能感不仅直接影响教师的身体健康,而且直接影响教师的心理健康,表现最为明显的是工作满意度。自我效能感高的教师往往信心十足、心情愉快地从事各种教育工作,相信自己能够对教育过程中的困难施以有效的控制,不会在应对困难情境时紧张、忧虑,从而能更好地调整自己的心境和行为,减少躯体化倾向、神经症性、精神病性反应等,更容易从工作中获得满意体验。

自我效能感较低的教师则因更多地强调自己能力的不足和教育工作中的困难,怀疑自己能否处理、控制困难情境,担心自己应对能力不足,容易体验到强烈的焦虑反应和悲观情绪,并多采取消极的退避行为或防卫行为,出现工作倦怠。教师的效能感会影响教师的心理调节能力。已有研究表明,教师的教学效能感与教师的心理

健康(心理调节能力)有极显著的正相关,即效能感高,心理调节能力也强,反之亦然。[21] 效能感对教师心理调节能力的影响主要表现在对个人健康习惯及生理变化的直接控制上,这种自我调节的效能感影响其动机和行为,从而决定他们能否维持良好习惯,以及做到多好的程度,并决定他们能否从挫折中恢复过来。

五、结论

教师效能感可以从自我效能感、集体效能感、学校因素、家长和学生、工作满意度五个维度去测量,而且这五个维度的表现随着教师从业年限的增加呈现出上升的趋势。集体效能感不再成为工作满意度的预测变量,家长和学生的影响强化自我效能感转化为集体效能感的路径不复存在。自我效能感显著影响工作满意度。我们发现,中小学教师的心理健康水平、自我效能感、集体效能感、工作满意度各自间均存在显著相关。集体效能感能够预测教师心理健康状况 7.7% 的变异量。

参考文献:

[1] 梁文艳. 工作要求、工作资源与教师的工作满意度——基于上海教师教学国际调查数据的实证研究 [J]. 教育研究,2020(10):102–115.

[2] Denham C. & Michale J.Teachers' sense of efficacy : A definition of the construct and a model for further research[J]. Educational Research Quarterly, 1981(5):39–63.

[3] 黄喜珊,王才康. 教师效能感研究述评 [J]. 佛山科学技术学院学报(社会科学版),2003(4):88–91.

[4] Goddard R D. Collective efficacy:A neglected construct in the study of schools and student achievement[J]. Journal of Educational Psychology, 2001(3):467–476.

[5] 艾娟,郑涛,尚晓丽. 教师自我效能、集体效能与教师压力状况的关系研究 [J]. 山东师范大学学报(人文社会科学版),2005(4):154–157.

[6] Gian Vittorio Caprara, Claudio Bararanelli, Laura Borgogni, and Patrizia Steca. Efficacy beliefs as

determinants of teachers' job satisfaction[J]. Journal of Educational Psychology, 2003（4）：821–832.

[7] 王国香，刘长江，伍新春.教师职业倦怠量表的修编 [J]. 心理发展与教育，2003（3）：82–86.

[8] 刘毓，曹喜娥.教师心理健康状况研究述评 [J]. 南阳师范学院学报（社会科学版），2003（11）：101–104.

[9] 吴明隆 .SPSS 统计应用实务——问卷分析与应用统计 [M]. 北京：科学出版社，2003.

[10] 李茜茜，郭兰婷，冯正直，等 . 焦虑敏感问卷中文版的信度和效度 [J]. 中国心理卫生杂志，2006（10）：675–678.

[11] 宋广文，何文广 . 青少年亲子冲突处理策略问卷的编制及其应用 [J]. 心理发展与教育，2007（1）：118–123.

[12] 郭庆科，陈英敏，孟庆茂 . 自陈量表式测验应用 IRT 的可行性 [J]. 心理学报，2005（2）：275–279.

[13] 侯杰泰，温忠麟，成子娟 . 结构方程模型及其应用 [M]. 北京：教育科学出版社，2004：160–161.

[14] Céleste M. Brotheridge, Raymond T. Lee. Testing a conservation of resources model of the dynamics of emotional labor[J]. Journal of Occupational Health Psychology, 2002（1）：57–67.

[15] Maslach C.M., Jackson S.E, Leiter M.P.. Maslach Burnout Inventory: Maslach, 3rd ed [M]. Palo Alto: Consulting Psychologists Press, 1996.

[16] 狄敏，黄希庭，张志杰 . 试论职业自我效能感 [J]. 西南师范大学学报（人文社会科学版），2003（5）：22–26.

[17] 侯玉波，张梦 . 青少年应对方式量表的修订 [J]. 中国临床心理学杂志，2006（6）：566–568.

[18] Tschannen-Moran M., Woolfolk Hoy A., Hoy A.,W.K. Teacher efficacy: Its meaning and measure[J]. Review of Educational Research, 1998（68）：202–248.

[19] John Schaubroeck, Simon S.K.Lam, Jia Lin Xie. Collective efficacy versus self-efficacy in coping responses to stressors and control: A cross-cultural study[J].Journal of Applied Psychology, 2000（4）：512–525.

[20] 范立国，张凡迪 . 教师工作满意度影响因素重要性调查与研究 [J]. 沈阳大学学报，2004（3）：85–87.

[21] Gonzales Gamaliel, Gonzales Roselyn, Costan Felix, et al. Dimensions of Motivation in Teaching: Relations with Social Support Climate, Teacher Efficacy, Emotional Exhaustion, and Job Satisfaction[J]. Education Research International, 2020（1）：43–52.

The Structure of Primary and Secondary School Teachers' Efficacy and Its Relationship with Mental Health

MENG Weiqing

(School of education, Guangzhou University, Guangzhou, Guangdong 510006, China)

Abstract: Teacher efficacy represents teachers' ability and belief. It influences teachers' mental health and behavior. 1086 primary and secondary school teachers were randomly selected as subjects to explore the structural dimensions of primary and secondary school teachers' efficacy. The results show that: The efficacy of primary and secondary school teachers can be measured from five dimensions including self-efficacy, collective efficacy, school factors, students and parents, and job satisfaction; These five dimensions show an upward trend with the increase of teachers' working years; There is a significant correlation between primary and secondary school teachers' mental health level, self-efficacy, collective efficacy and job satisfaction . Collective efficacy can predict 7.7% variation of teachers' mental health status.

Key words: Primary and Secondary School Teachers, Self-efficacy, Collective Efficacy, Job Satisfaction, Mental Health

（责任编辑：杜金丹　李子昀）

图书在版编目(CIP)数据

上海教师. 第2辑 / 上海市师资培训中心编.— 上海:上海教育出版社, 2021.4
ISBN 978-7-5720-0745-3

Ⅰ.①上… Ⅱ.①上… Ⅲ.①教师 – 生平事迹 – 上海 – 现代 ②教育 – 文集 Ⅳ.①K825.46②G4-53

中国版本图书馆CIP数据核字(2021)第072210号

责任编辑   汪海清   茶文琼
特约审稿   朱明钰
封面设计   陆 弦

上海教师(第2辑)
上海市师资培训中心 编

出版发行   上海教育出版社有限公司
官   网   www.seph.com.cn
地   址   上海市永福路123号
邮   编   200031
印   刷   上海中华印刷有限公司
开   本   890×1240   1/16   印张 8
字   数   230 千字
版   次   2021年4月第1版
印   次   2021年4月第1次印刷
书   号   ISBN 978-7-5720-0745-3/G·0567
定   价   30.00 元

如发现质量问题,读者可向本社调换   电话:021-64377165